Rüdiger von Fritsch

Endspiel 1974

Eine Flucht in Deutschland

aufbau

Rüdiger von Fritsch

Endspiel 1974

Eine Flucht in Deutschland

aufbau

Beim vorliegenden Buch handelt es sich um
eine überarbeitete Neuausgabe des Buchs
Die Sache mit Tom. Eine Flucht in Deutschland,
das 2009 im wjs Verlag erschienen ist.

Mit 35 Abbildungen und 3 Karten

MIX
Papier | Fördert
gute Waldnutzung
FSC® C083411

ISBN 978-3-351-04237-0

Aufbau ist eine Marke der Aufbau Verlage GmbH & Co. KG

1. Auflage 2024

www.aufbau-verlage.de
10969 Berlin, Prinzenstraße 85

Einbandgestaltung zero-media.net, München
Satz LVD GmbH, Berlin
Druck und Binden CPI books GmbH, Leck, Germany

Printed in Germany

Für Tom, Bernd, Thomas und Burkhard

50 Jahre danach

7. Juli 1974. Untrennbar ist »die Sache mit Tom« mit dem Endspiel um die Fußballweltmeisterschaft und den Wochen um sie herum verbunden. Denn genau an jenem Tag sollte sie stattfinden, die von meinem Bruder und mir organisierte Flucht unseres Vetters Thomas und seiner beiden Freunde aus der DDR in die Bundesrepublik. Weil Endspiel war und wir uns weniger argwöhnisch beobachtet glaubten als an anderen Tagen– von bulgarischen Grenzbeamten, die doch eben so fußballbegeistert waren wie wir – so unsere Vermutung. 50 Jahre sind die Weltmeisterschaft und der Fluchtversuch 2024 her. Doch jeder Moment jener wohl aufregendsten Wochen meines Lebens bleibt eingebrannt in die Erinnerung – die angespannten Stunden immer neuer Versuche, Pässe für Tom und seine Freunde zu fälschen, die wachsende Beklemmung auf der Fahrt durch Österreich und Jugoslawien zu ihnen, die in Bulgarien auf uns warteten, die furchtbare Enttäuschung der drei, als unser Versuch am 7. Juli 1974 im ersten Anlauf scheitert.

Unter dem Titel »Die Sache mit Tom« ist dieses Buch bereits einmal erschienen. Seither ist es ins Polnische, Bulgarische und ins Russische übersetzt worden. Die vorliegende Ausgabe stellt eine überarbeitete und aktualisierte Fassung jener Erzählung dar, über unser Endspiel 1974: eine Flucht in Deutschland.

Europa 1974

6. Mai 1974. Seit Mitternacht meldet der »Norddeutsche Rundfunk«: Bundeskanzler Willy Brandt ist zurückgetreten. Sein persönlicher Referent ist der Spionage für die DDR überführt worden, und Willy Brandt zieht die Konsequenzen. Er hätte sich, so erklärt er kurz darauf im Fernsehen, »für einen Teil der Politik – hier meine ich unser Verhältnis zur DDR und zum Warschauer Pakt – zeitweilig nicht mehr unbefangen genug gefühlt.« Für diese Politik – seine Ostpolitik – hatte er 1971 den Friedensnobelpreis erhalten. Mit ihr hatte er versucht, die Teilung Deutschlands und Europas als Wirklichkeit zu akzeptieren und sie erträglicher zu machen.

7. Juli 1974. »Deutschland wird Fußballweltmeister!« Deutschland? Nur der westliche Teil – die Bundesrepublik Deutschland. Ein einziges Spiel hat sie während des Turniers verloren – ausgerechnet gegen den anderen deutschen Staat. 1:0 für die DDR. Jürgen Sparwasser, der Schütze des Siegtreffers, setzt sich später in den Westen ab. Die Wirklichkeit der deutschen Teilung ist vielfältig.

Seit bald dreißig Jahren ist Europa 1974 geteilt, seit dem Ende des Zweiten Weltkriegs – in Ost und West, in gegnerische Militärbündnisse und in unterschiedliche Wirtschaftszonen, in Staatsdiktaturen unter der Herrschaft einer Einheitspartei und in freiheitliche Demokratien, die in Griechenland,

Portugal und Spanien ihrerseits Diktaturen als Verbündete akzeptieren.

Und seit bald dreißig Jahren ist Deutschland geteilt – erst in die Besatzungszonen und Verwaltungsgebiete der Siegermächte des Zweiten Weltkriegs, dann in DDR und Bundesrepublik und in die »Ostgebiete«, um deren Zukunft seit 1969 in der Bundesrepublik erbittert gerungen wird: Die sozialliberale Regierung unter Bundeskanzler Willy Brandt hat in der Außen- und Sicherheitspolitik neue Wege beschritten.

Ihren ursprünglichen Traum der frühen fünfziger Jahre hatte die SPD unter dem Druck der politischen Realitäten aufgegeben: Deutschlands Zukunft sollte durch eine möglichst große Unabhängigkeit von den großen Mächten in der Schwebe gehalten werden. Zu diesen Realitäten zählte auch der Erfolg der Politik des ersten Bundeskanzlers Konrad Adenauer. Sein Ziel, Deutschland eng an den Westen zu binden, stieß in der Bevölkerung auf breite Zustimmung, die sich in Wahlerfolgen niederschlug.

Auch in der DDR war die Einheit Deutschlands – natürlich unter staatssozialistischen Vorzeichen – zunächst das vorrangige Ziel der Politik gewesen. Doch wie die Bundesrepublik sich im Westen einrichtete, ordnete die DDR sich in das östliche Bündnissystem ein. »Deutschland einig Vaterland …« – diese Worte der DDR-Hymne sollten nicht länger gelten. Die Teilung vertiefte sich und die Hymne wurde nur noch gespielt, nicht mehr gesungen … Aus einem »sozialistischen Staat deutscher Nation«, von dem die neue DDR-Verfassung von 1968 noch sprach, wurde in der überarbeiteten Fassung von 1974 ein »sozialistischer Staat der Arbeiter und Bauern«.

In den ersten Jahren nach dem Krieg war es noch vergleichsweise einfach gewesen, von der sowjetischen in eine der westlichen Besatzungszonen zu gelangen, von der DDR in die Bundesrepublik. Immer mehr Menschen machten davon Gebrauch und flohen in den Westen, denn im Osten wurden die politischen und bürgerlichen Freiheiten immer stärker eingeschränkt. Im Westen verbesserten sich gleichzeitig die Lebensverhältnisse und eilten jenen im Osten immer weiter davon.

Im Juni 1953 kam es in der DDR zu einem Volksaufstand, spontan und fast im ganzen Land – mehr als eine Million Menschen in mehr als 700 Orten wehrten sich gegen die Diktatur der SED. Mit größter Härte wurde der Aufstand niedergeschlagen, mehr als 330 000 Menschen flohen im selben Jahr in den Westen. Einen solchen Aderlass konnte die DDR nicht verkraften – die Führung begann, das Land systematisch abzuriegeln.

Aus einfachen Zäunen wurden Stacheldrahtsperren und schließlich ein technisch perfekter »Todesstreifen«, eine kahle Schneise durch Deutschland, ausgeleuchtet und vermint, bewacht von Soldaten, denen befohlen war, auf »Grenzverletzer« gezielt und tödlich zu schießen. Auch die anderen sozialistischen Staaten riegelten mehr und mehr ihre Grenzen ab und ließen niemanden nach Westen durch, der sich nach mehr Freiheit oder einfach nach einem besseren Leben sehnte: die Tschechoslowakei – wie der damals noch vereinte Staat hieß – nach Österreich und zur Bundesrepublik hin, Bulgarien zur Türkei und nach Griechenland, Jugoslawien und Ungarn ebenfalls nach Österreich hin.

Nur ein Ort bot schließlich noch die Chance zur Flucht: Berlin. Die deutsche Hauptstadt, vom Gebiet der DDR umschlossen, war in sich wiederum zwischen den vier alliierten Siegermächten aufgeteilt worden und unterlag besonderen alliierten Rechten. Der Osten war sowjetische Zone und wurde zum Sitz der DDR-Regierung, die drei übrigen Zonen – französische, britische und amerikanische – bildeten West-Berlin, den freien Teil der Stadt. Als die innerdeutsche Grenze immer undurchlässiger wurde, nutzten mehr und mehr Menschen, schließlich Tausende, den besonderen Status der Stadt und flohen vom Osten in den Westen. Die meisten bestiegen ganz einfach nur die S-Bahn, die unverändert die Stadtteile und Sektoren miteinander verband.

So beschlossen die sowjetische und die DDR-Führung 1961, das letzte Schlupfloch von Ost nach West abzudichten. Mit dem Bau der Berliner Mauer ab dem 13. August 1961 senkte sich der »Eiserne Vorhang« endgültig zwischen dem Osten und dem Westen Europas nieder.

1969 trat die sozialliberale Koalition aus SPD und FDP mit dem Ziel und der Zusage an, die Grenzen durchlässiger zu machen. »Wandel durch Annäherung« hieß das Stichwort. Der Einbindung in den Westen sollte der Ausgleich mit dem Osten folgen. In Verträgen mit den sozialistischen Staaten, schließlich auch mit der DDR, wurden die Nachkriegsrealitäten in Europa mehr oder minder festgeschrieben und es wurden Brücken gebaut – Brücken des kulturellen und des wirtschaftlichen Austauschs und – vorsichtig und zaghaft – auch der menschlichen Begegnung. Dazu trug auch das große Projekt einer internationalen Verabredung zwischen den westlichen und den östlichen Staaten bei, die 1974 in Helsinki besiegelt wurde: die Schlussakte der »Konferenz über Sicherheit und Zusammenarbeit in Europa«.

Die Politik der Entspannung und der KSZE-Prozess schafften Erleichterungen – doch es zeigte sich, dass die Teilung Europas und Deutschlands sich allein auf diesem Wege nicht würde überwinden lassen. Ja, in vieler Hinsicht verfestigten sich die Verhältnisse, wurde die Wirklichkeit zweier deutscher Staaten zur immer mehr akzeptierten – und von nicht wenigen in Europa als segensreich empfundenen – Normalität. Mauer und Grenzanlagen verloren zugleich nichts von ihrem tödlichen Schrecken. Erst der Mut und der Freiheitswille der Menschen in den sozialistischen Ländern – in Danzig und Prag, in Riga und Moskau, in Budapest und Leipzig – brachte die Mauer zum Einsturz, überwand seit 1989 die Teilung und vereinte Deutschland.

Doch die Ereignisse der späten achtziger und frühen neunziger Jahre des zwanzigsten Jahrhunderts waren fern und unvorstellbar in jenen Monaten zwischen dem Herbst 1973 und dem Sommer 1974, der Zeit der Fußballweltmeisterschaft, als es sich ereignete: unser persönliches Endspiel 1974.

von der Sowjetunion annektiert
Polen zugesprochen
Finnland
Helsinki
Leningrad
Norwegen
Oslo
Stockholm
Estnische SSR
Ösel
Moskau
Schweden
Lettische SSR
Nordsee
Gotland
Dänemark
Ostsee
Litauische SSR
Sowjetunion
Kopenhagen
Königsberg
Danzig
Weißrussische SSR
Nieder-lande
Hamburg
Stettin
Bremen
Berlin
West- Ost-
Warschau
Amsterdam
Polen
Ostpolen
DDR
Brüssel
Breslau
Ukrainische SSR
Bonn
Belgien
Prag
Nordbukowina
Saar-land
Bundes-republik Deutsch-land
Tschechoslowakei
Karpato-ukraine
Moldau. SSR
Paris
Luxem-burg
Bessarabien
Wien
Frank-reich
Budapest
Österreich
Ungarn
Rumänien
Bern
Schweiz
Schwarzes Meer
Zagreb
Bukarest
Belgrad
Jugoslawien
Bulgarien
Sofia
Italien
Adria
Istanbul
Korsika
Rom
Tirana
Albanien
Türkei
Ägäis
Sardinien
Tyrrhenisches Meer
Griechenland
Athen
Mittelmeer
Ionisches Meer
Sizilien
Tunis
0 100 200 300 km
Algerien
Tunesien
Kreta
Heraklion

Europa 1974

1
Kalotina, 6. Juli 1974

Ruhig, nur ruhig bleiben. Du fährst nicht zum ersten Mal über diese Grenze. Warum sollten sie Verdacht schöpfen?

Kein loser Spruch kommt uns mehr über die Lippen, kein Witz, der die Spannung erträglich machen könnte. Die Spannung, die sich während der letzten Monate aufgebaut hat, die uns seit gestern immer mehr die Kehle schnürt, seit Burkhard, mein älterer Bruder, und ich in München losgefahren sind. Burkhard, der neben mir am Steuer sitzt, der auch jetzt die besseren Nerven hat. In dem es aber wohl genauso aussieht wie in mir. Der sich jetzt genauso wie ich den Zufallskontrollen bulgarischer Grenzbeamter ausliefert.

Hinter uns liegen 1300 Kilometer ermüdender Fahrt durch Österreich und über die enge, überlastete und mit Schlaglöchern übersäte Strecke des jugoslawischen »Autoput«. Burkhard hat etwas Fahrpraxis, ich kaum. Einen Tag sind wir jetzt unterwegs, die Nacht im Schlafsack im Auto war unruhig, kurz und keine Erholung. Immer wieder bin ich aus beklemmenden Träumen aufgeschreckt. Doch jetzt sind wir beide hellwach, unsere Aufmerksamkeit ist aufs Höchste gespannt.

Nur langsam bewegt sich die Schlange der Autos auf die jugoslawisch-bulgarischen Grenzkontrollen zwischen Dimitrovgrad und Kalotina zu. Fernlaster, altersschwache Studentenautos, überladene Ford-Transit-Busse auf dem Weg in die türkische Heimat ihrer Fahrer.

Unser Wagen – einer unter vielen. Zwei junge Männer, Jungen eigentlich, 20 und 22 Jahre alt. Unterwegs in einem kleinen roten Opel »Kadett«, vermeintlich auf dem Weg in den Urlaub in die Türkei oder zu noch ferneren Zielen. Nichts Besonderes in jenen Jahren, in denen eine ganze Generation den Rucksack packt und per Anhalter Richtung Kathmandu aufbricht oder mit dem Zug quer durch Europa reist – oder eben in die Türkei. Im Auto die übliche Unordnung aus Schlafsäcken und Lebensmittelvorräten, aus Werkzeug und Ersatzteilen, aus Karten und Kleidern.

Wenn man genauer hinschaut, scheint es etwas viel Gepäck für zwei. Drei Seesäcke, erstaunlich viele Hosen und Hemden, mehr Schlafsäcke als nötig. Natürlich, das lässt sich alles erklären: Verschenken, es könnte kalt werden, wer weiß, alte Sachen, könnten kaputtgehen. Das kann man uns noch glauben.

Was sich nicht erklären lässt, sind die drei Pässe, die wir im Wagen versteckt haben. Drei grüne Pässe: einen für Tom und je einen für seine Freunde. Grüne Pässe für Tom und Bernd und Thomas, die nicht aus München nach Bulgarien reisen, sondern aus Thüringen, aus der Altmark und aus Leipzig. Die, wenn alles geklappt hat, seit zwei Tagen an der Schwarzmeerküste auf uns warten. Die zwar Pässe haben – aber keine grünen, sondern blaue: DDR, nicht Bundesrepublik. Die auf diese drei grünen Pässe warten, um mit uns morgen aus Bulgarien in die Türkei auszureisen, aus der Diktatur des einen in die Freiheit des anderen Deutschlands.

Burkhard und ich wissen, dass wir gar nicht erst versuchen müssten, etwas zu erklären, wenn die Pässe gefunden werden. Alles ist zu offensichtlich. Drei Pässe, die nicht die unseren sind und in denen der bulgarische Einreisestempel schon eingetragen ist, den man doch erst an der Grenze erhält. Stempel, die gut aussehen – aber nur auf den ersten Blick. Die eben nicht perfekt geschnitten sind und die nicht fluoreszieren, wenn man sie bei ultraviolettem Licht betrachtet. Pässe, denen man bei genauerer Prüfung anmerken kann, dass die Ösen in den Passbildern nicht der Norm entsprechen. Denn ihre Fotos wurden ausgetauscht.

Aber wenn die Pässe nicht gefunden werden, kann alles klappen. Dann werden Burkhard und ich weiterfahren, die Nacht hindurch, bis an die Schwarzmeerküste. Wir werden Tom und Bernd und Thomas treffen, ihnen die Pässe geben, die Seesäcke und das überzählige Gepäck. Wir werden westdeutsche Jugendliche aus ihnen machen, die per Autostopp von der Bundesrepublik Richtung Türkei unterwegs sind. Die drei werden über Nacht die Biographien ihrer Pässe auswendig lernen. Gemeinsam werden wir an die Grenze zur Türkei fahren und dort gemeinsam ausreisen. Morgen Nachmittag, etwa gegen 16 Uhr. Nicht früher, nicht später.

Denn morgen ist Endspiel. Um 16 Uhr wird es in vollem Gange sein.

Sonntag, 7. Juli 1974. Das Datum ist ideal, da sind wir uns sicher. Morgen ist in München Endspiel, Finale der Fußball-Weltmeisterschaft: Deutschland-Holland. Die ganze Welt wird zuschauen oder zuhören, auch bulgarische Grenzbeamte. Sie werden abgelenkt sein und sie werden mit den jungen deutschen Reisenden fiebern, die um diese Zeit an ihre Grenze kommen. Sie werden sie an ihrem Wissen teilhaben lassen wollen und die Spannung des Sports wird die Spannung der Flucht überlagern. Fußball schafft eine Gemeinschaft des Augenblicks, die alle denkbaren Gegensätze verschwinden lässt.

Alles ist bedacht, alles. Das Risiko so gering und die Chance so groß wie möglich zu halten, das war der wichtigste Grundsatz aller Überlegungen gewesen, die wir in der zurückliegenden Zeit angestellt hatten. Neun Monate Vorbereitung liegen hinter uns und nur noch diese beiden Grenzübertritte vor uns: von Jugoslawien nach Bulgarien im Westen hinein, dann durch Bulgarien hindurch und im Osten wieder hinaus, in die Türkei. Danach ist alles egal. Denn ganz im Osten, jenseits der bulgarischen Grenze, sind wir wieder im »Westen« – ausgereist aus dem sozialistischen Bulgarien in den NATO-Mitgliedstaat Türkei. So paradox ist die zweigeteilte Welt.

Die Grenze rückt immer näher. Unausweichlich und quälend langsam.

Und wenn wir erwischt werden? »Beihilfe zur Republikflucht«, »staatsfeindlicher Menschenhandel«, so lauten die einschlägigen Delikte im DDR-Jargon. Bulgarisches Gefängnis oder Auslieferung an die DDR? Welches Strafmaß? Es gibt Dinge, die kann man niemanden fragen, die kann man nur auf sich zukommen lassen. Zu neun Jahren Haft hat das DDR-Bezirksgericht Schwerin den West-Berliner Peter Strauch wegen Fluchthilfe verurteilt, melden die Wochenendausgaben der westdeutschen Tageszeitungen an jenem 6. Juli 1974 – ein besonders hohes Strafmaß im Vergleich zu den drei, vier Jahren, die sonst oft verhängt werden. Die Zeitungen sind in jenen Monaten voll von Berichten über gescheiterte Fluchtversuche und verurteilte Fluchthelfer. Mit einer Welle von Prozessen und harten Urteilen stemmt die DDR-Regierung sich gegen immer neue Versuche ihrer Bürger, das Land zu verlassen.

Wenn man uns erwischt, wird man auch die drei Freunde verhaften, die sich vollständig in unsere Hand begeben haben, die uns blind vertrauen und deren Zukunft vom Gelingen unserer Planung abhängt. Man wird sie ausliefern, aburteilen und einsperren. Und wenn sie Glück haben, werden sie eines Tages freigekauft – denn den wahren Menschenhandel betreibt die DDR-Regierung: Gegen hohe Zahlungen in harter Währung lässt sie inhaftierte politische Häftlinge frei. 33 000 ihrer Bürger verkauft die DDR-Führung bis 1989 an die Bundesrepublik, 3,4 Milliarden DM verdient sie daran.

Also zumindest die Perspektive eines Freikaufs. Doch um welchen Preis?

Ruhig bleiben, nur ruhig bleiben. Unser Wagen rollt in die Grenzanlage. Die jugoslawische Seite zeigt bei der Ausreise kein großes Interesse an uns, die bulgarische bei der Einreise umso mehr. Schlagbäume, Schilder, Wachtposten. Abläufe und Prozeduren, so unausweichlich wie unverständlich, hinter uns und vor uns Sperranlagen. Eine perfekte Falle. »Willkommen in der Volksrepublik Bulgarien!« ruft es uns von großen Tafeln mehrsprachig entgegen; glückliche Arbeiter und Bauern winken uns strahlend von altersgrauen Propagandaplakaten zu, gestaltet im immer gleichen Ostblockstil des sozialistischen Realismus.

Der Grenzbeamte beugt sich in das geöffnete Autofenster, ein ausdrucksloses Gesicht, ein gemurmelter Gruß, die Pässe bitte. Sieht er nicht, dass mir das Herz bis zum Hals schlägt? Die Pässe werden in ein Schalterfenster hineingereicht, verschwinden hinter einem Tresen. Was passiert da? Listen? Suchmeldungen? Quatsch. Niemand kann wissen, was wir vorhaben. Die üblichen Fragen. Wohin. Warum. Routine. Noch ein Blick durch den Wagen. Routine. Die Pässe kommen zurück, der Grenzsoldat winkt den Wagen weiter. Durchschnittsreisende, unauffällig, kein Grund zur Stichprobe.

Ruhig bleiben, nur ruhig bleiben, noch ist die Einreise nicht abgeschlossen. Anhalten, vorgeschriebener Geldwechsel von DM in bulgarische Lewa – eine »Mindestumtausch« genannte Zwangsmaßnahme –, Benzingutscheine kaufen. Weiterfahrt. Die Grenzstation liegt hinter uns. Noch eine Kurve, außer Sichtweite kommen.

Ein Schrei, Erleichterung, Fäuste trommeln auf das Armaturenbrett, als sei die Weltmeisterschaft gewonnen. Spannung entlädt sich im Triumphgeheul. »Wir haben es geschafft!«

Wir halten an, fallen uns in die Arme. Wann haben wir das zuletzt getan – uns umarmt? Diese wiedergewonnene Nähe wird uns bleiben.

Beiläufig blättere ich in meinem Pass, sehe das Transitvisum, das eben eingestempelt wurde – und weiß im selben Moment: Es war alles umsonst.

Alles umsonst. Schluss, aus, die ganze schöne Planung und schlaue Überlegung umsonst. Alles aus.

»Die Schweine haben die Farbe geändert«, brülle ich in ohnmächtigem Zorn. »Guck Dir das an!« Fassungslos blicken wir in unsere Pässe: zwei bulgarische Einreisestempel, im vertrauten Format und Aufbau, mit Datum von heute. Aber: Die linke Hälfte grün, die rechte rot. Und noch vor 14 Tagen, bei der letzten Kontrollfahrt, war es so gewesen, wie seit Monaten: die obere Hälfte blau, die untere lila. Wie in den drei Pässen, die zwischen den Straßenkarten stecken – und die jetzt nichts mehr wert sind. Alles andere stimmt: die Seite und die richtige Stelle im Pass, der Stempelaufbau und das Datum von heute. Alles stimmt, alles – außer der Farbe. Aus, vorbei.

2

Thomas

8. Oktober 1973. Neun Monate zuvor … Dreieinhalb Monate war ich nach dem Abitur durch Nordamerika gereist: Besuch bei den Großeltern und vielen Verwandten im Westen Kanadas, mit dem Bus quer durch die USA und Nordmexiko. Jetzt war es schön, wieder zu Hause zu sein, auf dem Nepperberg, von wo aus der Blick über Schwäbisch Gmünd geht, viele Kilometer weit bis zu den ersten Erhebungen der Schwäbischen Alb.

In meinem Zimmer ein Stapel Post, 40, 50 Briefe. Nach dem Abitur war an die Stelle des intensiven Zusammenlebens im Internat der Briefkontakt getreten. Erste Berichte von Freundinnen und Freunden aus dem Neuland beginnender Selbstständigkeit, Antworten auf meine Briefe von der langen Reise.

Viele vertraute Handschriften … Aber wer war Margret Schaller? Der Brief aus einer kleinen Stadt im Rheinland kam zuunterst. Erst später öffnete ich ihn.

Ich bin eine Freundin von Thomas' Mutter … Seit ihrer Verheiratung verlebte ich schon mehrmals meinen Urlaub in Bad Blankenburg und bin mit den dortigen Verhältnissen bestens vertraut.

Thomas trägt sich schon seit vorigem Jahr mit Fluchtgedanken. Die bevorstehende Zeit bei der Armee nach dem Abitur bestärkt ihn noch in seinem Vorhaben ... Er ist ratlos und weiß nicht, was er tun soll. So setzt er alle seine Hoffnungen auf unsere Hilfe ...

Thomas ... Zwei Jahre zuvor, im Sommer 1971, hatten wir uns kennen gelernt. Ich war 17 und verbrachte zwei Ferienwochen bei den Verwandten in Thüringen, in Bad Blankenburg. Das war ganz selbstverständlich: Vor mir waren meine älteren Geschwister dort gewesen, Heidi und Burkhard, und natürlich immer wieder die Eltern. Zu Weihnachten wurden aus dem Westen die Zutaten für den Weihnachtsstollen geschickt und Schönes und Nützliches, was es in der DDR nicht oder nur selten oder nicht in dieser Qualität zu kaufen gab, jeweils in den erlaubten Mengen. Meist kamen die Pakete an, oft waren sie durchsucht, manchmal zerwühlt. Zerrissenes Geschenkpapier, zerzauste Wollknäuel, Fingerspuren in der Niveacreme.

Das Reisen vom Osten in den Westen war so gut wie unmöglich – allein Rentner ließ man ziehen, sie kosteten schließlich nur Geld –, und vom Westen in den Osten war es schwierig. Doch hatte man in der DDR Verwandte, durften diese einen einmal jährlich bis zu vier Wochen einladen. Und immer wieder äußerten die Verwandten den Wunsch, besucht zu werden: »Rüdiger wird doch jetzt 16. Mag er nicht nächsten Sommer zu uns kommen?«

Zwei Wochen Thüringen statt zwei Wochen Adria oder Südfrankreich – ein Opfergang aus verwandtschaftlicher Anhänglichkeit, auf Drängen der Familie? Gewiss, der Anstoß zu unseren Reisen kam von meinem Vater, der aus Dresden stammte, und von den Familien seiner Vettern. Doch ich fuhr gerne »in die Zone«. Ich wollte nicht nur die Verwandten kennenlernen – andere Vettern oder Cousinen gleichen Alters hatte ich nicht –, ich war auch neugierig, die DDR zu erleben. Sie war so nah und doch so fern, so viel Erstaunliches und Befremdliches wurde von dort berichtet. Die deutsch-deutschen Beziehungen, das war ein Thema, das in der politischen Debatte ständig eine Rolle spielte. Und da es viele persönliche Bezüge und Beziehungen gab, hatte es mich früh interessiert. Der Regierungswechsel von 1969, hin zur sozialliberalen Koalition, hatte der Diskussion um »die Zukunft der deutschen Frage« eine neue Richtung gegeben. »Ostpolitik«, »Wandel durch Annäherung«, »Entspannung«, das waren nicht nur Themen in den Medien oder im Bundestag, sondern auch im Gemeinschaftskundeunterricht oder in der »PAS«, der »Politischen Arbeitsgemeinschaft Schulen«, die es auch bei uns im Internat gab.

So hatte ich nun also alles, was erforderlich war, beieinander: eine Einladung, eine Einreisegenehmigung, eine Besuchserlaubnis. Beim Friseur auf dem Nürnberger Bahnhof fielen die langen Haare – sah man seinem Passbild nicht ähnlich, konnte es Schwierigkeiten geben. Lange Haare waren Anfang der siebziger Jahre ein Muss unter Jugendlichen im Westen, wer sie zu kurz trug, grenzte sich aus. Und mit der Haartracht ließ sich bei manchem in der älteren Generation eine Empörung auslösen, die guttat. Auch ich hatte mir die Haare wachsen lassen, bis es zu einem Mittelscheitel mit Stirnband reichte. Meine Mutter fand, es sehe nicht schön aus (womit sie angesichts meiner Lockenpracht recht hatte), nahm es aber hin; mein Vater meinte, es sei eine gute Idee, das mal auszuprobieren. Das nahm der Sache bereits ein Stück weit ihren Reiz, jedenfalls fiel es mir nicht schwer, mich im Hochsommer von der wärmenden Kopfbedeckung bis auf eine Länge zu trennen, die sowohl für die DDR-Grenzbeamten als auch für mich akzeptabel war.

An der innerdeutschen Grenze durfte ich einem DDR-Kontrolleur »Die Zeit« abtreten – »die lassen wir mal lieber hier«. Die Mitnahme jeglicher Druckerzeugnisse in die DDR, die auch nur entfernt an freie Meinungsäußerung erinnerten, war streng untersagt. Man durfte Zeitungen nicht einmal als Verpackungsmaterial verwenden. »Für die äußere und innere Verpackung sollte wegen des in der DDR bestehenden Verbots der ›Einfuhr von Druckerzeugnissen, die nicht in der Zeitungsliste der DDR enthalten sind‹, nur unbedrucktes Papier verwendet werden. (Pack- und Geschenkpapier mit Farb- und Schmuckmustern wird nicht beanstandet.)« So war es dem mehrseitigen Faltblatt: »Hinweise für Geschenksendungen in die DDR und nach Berlin (Ost)« zu entnehmen, das die Bundesregierung zur Verfügung stellte.

Ich war erstaunt, wie bald ich im thüringischen Saalfeld war, wo ich umstieg. Erster Eindruck: keine Reklametafeln im Bahnhof. Stattdessen kleine, fast verschämte Schilder, die im Graphik-Stil der Vorkriegszeit über die Sparkasse oder »modische« Schuhe informierten. Wie unbeholfen waren die Sprüche, wie blass, ja fast schmuddelig die Farben der Plakate im Vergleich zu den grellen Botschaften im Westen, die in jener Zeit von Flower-Power und Pop-Art beeinflusst waren. Wozu auch werben in einer Wirtschaft, die keinen Wettbewerb der Produkte kannte?

Überhaupt die Farben: alles wirkte wie unter einem Grauschleier: der Putz der Häuser, das schale Ocker oder Blassblau der Trabbis, die Verpackungen der Waren in den Geschäften. Selbst die Menschen wirkten grau. Ganz ungewohnt: die riesigen Tafeln der politischen Propaganda. Das war mir so neu, so unbekannt, in seiner Sprache so fremd, dass ich es gleich im Foto festhielt: »Der VIII. Parteitag der SED ist ein weiterer Meilenstein beim Aufbau des Sozialismus in der DDR« – alle verfügbare Farbe schien im leuchtenden Rot der Parolen konzentriert.

Vor der Reise in die DDR fielen meine langen Haare

Thomas 1971

Thomas, mein ein Jahr jüngerer Vetter, lag im Krankenhaus, als ich in Bad Blankenburg ankam – Blinddarm. Seine Mutter erklärte mir den Weg und ich lief durch den kleinen Ort, in der Hand das mitgebrachte Obst. Ungewohntes Erlebnis: Ständig wurde ich angesprochen, weil ich etwas Besonderes bei mir trug. »Wo gibt's'n die Banaan'n?!?!« Im

Schwimmbad dann später das Gleiche: »Wo hast'n die Stiefel her und die Nietenhosen? Ach sooo – Du bist aus'm Westen …!«

Thomas' Eltern waren nach dem Kriegsende in Thüringen geblieben. Sein Vater, Onkel Wilhelm, konnte und wollte seine Mutter weder allein lassen noch verpflanzen, und in Bad Blankenburg hatte er ein schönes Haus mit großem Garten geerbt, das er nicht ohne Weiteres aufgeben wollte. Die Familie hatte es dann auch behalten dürfen – doch wie sah es inzwischen aus! Die Sanitäreinrichtungen stammten aus der Vorkriegszeit, die Holzbalkone des im Schweizer Stil erbauten Hauses vermittelten den Eindruck, sie würden jeden Moment einstürzen. Dabei bemühte die Familie sich nach Kräften, das Haus zu erhalten. Doch in der DDR, in der die Versorgung mit Dingen des alltäglichen Bedarfs sowieso schwierig war und in der es mit Ersatzteilen an allen Ecken und Enden haperte, war ein Hausbesitzer besonders schlecht gestellt. Die Zeitungen waren voll von Tauschanzeigen – dies Ventil wurde geduldet, solange nichts zu deutlich ausgesprochen wurde. Auffällig: Immer wieder wurden »blaue Fliesen« angeboten, im Tausch für »Wartburg«-Reifen, Kaninchenställe, Wasserhähne – westdeutsche 100-DM-Scheine.

Thomas' Familie besaß keine »blauen Fliesen«, wie es ihr überhaupt nicht sehr gut ging. Die alte Mutter war zu versorgen; und die Tante, die auch im Haus lebte, bestritt ihren Lebensunterhalt im Wesentlichen mit dem Verkauf von Obst und Gemüse, das sie in ihrem Garten anbaute, und von den Kaninchen, die sie hielt. Jeden Pfennig musste sie umdrehen.

Wenig half es ihr da, dass sie jede ihrer Pflanzen mit dem lateinischen Namen benennen konnte – Spuren einer klassischen Bildung der Vorkriegszeit.

Es war ein sehr schöner Urlaub – ganz anders als sonst. Einfach, aber herzlich und persönlich. Die langen Gespräche mit Onkel Wilhelm, Thomas' Vater: ein feiner, kluger und gebildeter Mann, geradeheraus. Und voller Trauer, weil alles so war, wie es nun mal war: auf der falschen Seite der Grenze, in der »Zone«. Als Hausbesitzer und Nachfahre einer »Junker-Familie«, der seine Kinder taufen und konfirmieren ließ, der über seine Kriegserlebnisse sprach, als hätten sie sich gestern erst zugetragen. Gelernt hatte er Landwirtschaft. 1950 war er aus der Kriegsgefangenschaft heimgekehrt und hatte sich gemeldet, um Arbeit zu bekommen. »Freiherr von Fritsch? Landwirtschaft?? Nee, nee, daraus wird nichts.« So wurde er Heizer in der Sporthalle. Und auch dort wurde ihm gelegentlich, eher beiläufig bedeutet: »Sei froh, dass Du die Arbeit hier hast, Willi!« Nicht, dass die Familie sich sehr viel mehr schikaniert gefühlt hätte als andere, die nicht ins sozialistische Raster passten. Aber es war gut, seine Grenzen zu kennen. »Du darfst Deine Bäume nicht in den Himmel wachsen lassen«, pflegte Onkel Wilhelm zu sagen. Adel an sich war kein Stigma, ja zum Teil waren auf eine überkommene Art Erwartungen damit verbunden. Thomas merkte das später in der Schule, wenn die Klassenkameraden hofften, er würde vielleicht eher als andere Paroli bieten.

Gewiss, Wilhelm Fritsch hätte mehr erreichen, weiter kommen können – aber er wollte sich nicht anpassen. So erzog er auch seine Kinder. Konfirmation: auf jeden Fall! Jugendweihe?

Nein. Thomas drängte ihn. Alle anderen dürfen! So ein schönes Fest! Schließlich gab der Vater nach. Zur SED-Jugend gehen, »Junger Pionier« werden? Nein. Während die Klassenkameraden ihr rotes Halstuch umbanden und spannende Ausflüge unternahmen, musste Thomas den Schultag in der Parallelklasse verbringen. Doch auch hier ließ der Vater sich eines Tages, wenn auch spät, erweichen. Eisern blieb er nur, als der Druck auf Thomas zunahm, Mitglied der »DSF« zu werden, der »Gesellschaft für Deutsch-Sowjetische Freundschaft«. Da war jeder drin, sozusagen als gesellschaftliches Minimalengagement. Schließlich kamen sogar die Lehrer ins Haus. Aber nur einmal. Zu gern nutzte Wilhelm Fritsch die Gelegenheit, ihnen aus seiner Zeit in sowjetischer Gefangenschaft zu erzählen. »Die Russen sind prima Leute, wissen Sie, aber …«

Thomas und ich verstanden uns auf Anhieb und unternahmen viel gemeinsam – einfache Urlaubsvergnügen: Schwimmbad, Eisessen – gleich tat es mir leid, dass ich Thomas' kleiner Schwester erzählt hatte, dass es bei uns weit mehr Sorten gebe als nur Erdbeer-Schoko-Vanille. Denn sofort schwärmte sie davon ihrer Mutter vor, die nun ihre liebe Not hatte, die Enttäuschung ihrer zehnjährigen Tochter wieder einzufangen. Thomas und ich gingen ins Kino, besichtigten das historische Bergwerk. Mochten die äußeren Umstände, unter denen wir beide aufwuchsen, auch verschieden sein – in vielem glich sich unsere Erziehung. Uns verband nicht nur familiärer Zusammenhalt, der über unsere Eltern auf uns gekommen war und sich für unsere Generation auch erst einmal beweisen musste. Doch wir waren uns sympathisch und stellten rasch fest, dass wir in vielem eine ähnliche Einstellung hatten. Wie

Besuch bei den Verwandten in Thüringen: Thomas mit seinen Eltern und seiner jüngeren Schwester Eva

Rüdiger mit Thomas' Eltern

ich interessierte Thomas sich für Politik, und es ärgerte ihn, wie während meines Besuchs Mitte August der Bau der Berliner Mauer verherrlicht wurde. Gemeinsam gingen wir zur örtlichen Feier, die zum »10. Jahrestag der Errichtung des sozialistischen Schutzwalls« abgehalten wurde. Ja, eine richtige Feier, mit Musik, Ansprache eines Majors der »Nationalen Volksarmee«, aber erkennbar skeptischem Publikum. Was mir wie ein surreales Schauspiel erschien, wurde anschließend empört zu Hause diskutiert. Bei allen Verwandten eine offene Sprache über die politischen Verhältnisse, über die Versorgungsmängel, die öffentlichen Lügen, die Nachteile gegenüber dem Westen. Bei allem Stolz auf das, was man geschafft hatte und wie man sich unter schwierigen Verhältnissen durchschlug.

Neben vielem anderen verband Thomas und mich ein Interesse an historischen Themen und auch an Familiengeschichte. Er besaß Unterlagen, von denen er meinte, dass sie im Westen wohl besser aufgehoben wären. Doch es war nicht erlaubt, so etwas einfach mitzunehmen. Und so trug ich, als ich wieder nach Hause reiste, das »Neue Deutschland« unter dem Arm, die Parteizeitung der SED – als sichere Hülle für alte Familiendokumente.

Nach zehn Tagen holte Onkel Karl mich ab, Wilhelms Bruder, der mit seiner Familie in der Nähe von Leipzig lebte. Ihm ging es etwas besser, er besaß sogar ein Auto, einen alten Škoda. Mein Vater hatte ihn gebeten, mit mir ein paar Orte zu besuchen, zu denen die Familie einen besonderen Bezug hatte. Onkel Karl tat das gerne. Unterwegs endloser Aufenthalt an einer Schranke, vorbei rollte schließlich ein Güterzug mit sowjetischen Militärfahrzeugen. »Die Russen dürfen hier alles. Du solltest mal sehen, wie die die Landschaft verwüsten mit ihren Panzern«, kommentierte der Onkel und fügte aus dem reichen Fundus politischer Witze in der DDR hinzu: »Warum nennen wir sie unsere sowjetischen ›Brüder‹ und nicht unsere ›Freunde‹? Freunde kann man sich aussuchen …«

Bei Onkel Karl zu Hause lernte ich meine beiden anderen Vettern kennen, Udo und Roland. Auch zu ihnen hatte ich gleich einen Draht. Wie selbstverständlich waren wir sofort beim Thema Ost-West, den Vorzügen bei uns und den Nachteilen bei ihnen. Dabei ging es gar nicht immer ums Große – Reisefreiheit, Menschenrechte, Meinungsfreiheit. Nein, ganz einfach auch: Warum können wir keine Schallplatten von westlichen Bands kaufen und warum ist die Musik unserer Gruppen im Vergleich so fad. Der gleiche sarkastische Ton wie bei Thomas.

Auf dem Frühstückstisch, zur Feier des Tages, echter Bohnenkaffee – das konnte man sich in Blankenburg nicht leisten. Mit dem Škoda ging es nach Weimar, wo Vorfahren lange gelebt hatten. Gemeinsam besuchten wir die letzte Angehörige, die noch in der Stadt geblieben war. Weimar gefiel mir – anders als Dresden, wohin wir ebenfalls einen Abstecher machten: grau-trostlose Wiederaufbau-Architektur der Nachkriegszeit. Noch war die Frauenkirche ein Schutthaufen, das Schloss ein Ruinenfeld, noch war nicht einmal die Oper wieder aufgebaut. Auch in Dresden lebte eine alte Tante. Das Elternhaus meines Vaters: ein unbehaustes Trümmergrundstück.

Abschließender Höhepunkt unserer Fahrt: ein großer Schutthaufen. Seerhausen, das 1948 gesprengte Familienschloss. Auf der Dorfstraße zeigte sich sofort, mit misstrauischem Blick, Herbert Möhle, Bürgermeister und SED-Vorsitzender des Ortes in einem – »und garantiert Stasispitzel«, wie Onkel Karl mutmaßte. Ostdeutsche Erfahrung: Die »Staatssicherheit« war allgegenwärtig. Wer wir wären, was es da zu gucken gäbe und wofür wir uns interessierten. Nach 1989 sollte er zu meinem Vater mit treuem Augenaufschlag sagen: »Du weißt doch: Im Grunde meines Herzens war ich immer deutschnational!« Was immer er damit auch sagen wollte … Bereits vor der Vereinigung war er mit meinem Vater langsam warm geworden, wenn dieser immer wieder einmal in Seerhausen vorbeischaute und ein Päckchen Kaffee oder andere begehrte Westware dabei hatte. Dafür tauchte dann durchaus der eine oder andere Gegenstand aus dem Schloss auf – ein Buch, ein paar Servietten, ein Löffel. Solche Gegenstände hatte Herbert Möhle seinerzeit, vor der Sprengung des Schlosses, ›fürsorglich zur Seite gebracht‹ und, wie er es nun deutete, »für Euch aufgehoben«.

Und dann kam ich vor meiner Rückreise noch auf unerfreuliche Art mit der Staatsmacht in Berührung. Im Schwimmbad hatte ich meinen Personalausweis verloren – warum ich ihn überhaupt dabei hatte, weiß ich nicht mehr. Denn für die Einreise in die DDR wie für die Ausreise war er wertlos, dazu benötigte man einen Reisepass mit einem eingestempelten Visum. Wahrscheinlich wäre es das Beste gewesen, den Verlust gar nicht zu melden. Doch den Verwandten war es lieber, dass alles seine Ordnung hatte – vielleicht würde mein Ausweis ja gefunden und abgegeben werden. So zog ich also auf die Meldestelle und durfte mir dort einen Vortrag in bestem autoritärobrigkeitsstaatlichen Ton anhören. Wieso und warum und überhaupt, wie ich denn dazu käme und was ich mir dächte und wie das Ganze denn nun weitergehen solle. Misstrauen und Unterstellungen, die bewährte Palette der Einschüchterung, die gerne verschärft wurde, als der renitenzbereite junge Westdeutsche mit etwas zu viel Selbstbewusstsein reagierte. Ich vertraute einfach darauf, dass man mich letztlich würde ziehen lassen.

Letzter Schritt vor der Ausreise: das Geld ausgeben. Für jeden Tag, den ich die DDR besuchen durfte, hatte ich eine feste Summe Geldes umzutauschen – fünf DM in fünf Mark der DDR, Rücktausch ausgeschlossen. Aber was konnte ich für 70 Mark in der DDR kaufen? Ich erstand eine Schallplatte mit historischen Jazz-Aufnahmen, ein paar Bücher und Andenken – den Rest schenkte ich den Verwandten. Das »Reiche-Onkel-Gefühl« war unangenehm, aber letztlich konnten beide Seiten damit umgehen. Etwas schwieriger war der Auftrag meiner Eltern abzuarbeiten, mit der Tante und dem Onkel einige Besorgungen im Devisenladen zu tätigen. Zu bescheiden – vielleicht auch zu stolz – waren sie, sich etwas Besonderes auszusuchen. Das Angebot im »Intershop« war im Verhältnis zu einem Supermarkt im Westen sehr übersichtlich, doch gab es, gegen DM, Dollar oder österreichische Schilling, begehrte Westware – und DDR-Artikel, die im normalen HO-Geschäft an der Ecke, dem Laden der »Handelsorganisation«, gar nicht, nicht regelmäßig oder eben nicht in Exportqualität zu haben waren. Gegen fremde Währung verkaufte die Regierung in eigenen Läden dem eigenen Volk Ware, die dieses selbst hergestellt hatte …

Zwischen Thomas und mir entwickelte sich jetzt ein Briefwechsel. Seine Briefe waren anders als die Briefe der Klassenkameraden in den Internatsferien. Sie kamen nicht oft, aber sie waren immer voll tiefer Überlegungen. Über Sinn und Sein, über Freundschaft und Erlebtes. Und: sie wurden immer politischer, immer kritischer. Zwischen den Zeilen, aber doch erkennbar. Ging Thomas nicht zu weit? Ich freute mich auf seine Briefe – doch sie machten mich auch ein wenig hilflos. Wie umgehen mit dem Ärger und der berechtigten Kritik, wie darauf reagieren aus der Situation des so viel Bessergestellten, wie reagieren unter den Bedingungen von Zensur und Briefkontrolle? Ich musste aufpassen, dass ich Thomas mit meinen Antworten nicht gefährdete. Den Artikel aus dem amerikanischen Nachrichtenmagazin »Newsweek« mit der Skizze der DDR-Grenzanlagen in ihrer ganzen menschenverachtenden Perfektion beschloss ich im letzten Moment, doch nicht mitzuschicken. Es ging darin um die Selbstschussanlage »SM-70«.

1970 hatte die DDR-Führung begonnen, der tödlichen Sicherheit ihrer »Staatsgrenze West« ein weiteres, besonders zuverlässiges Sicherungssystem hinzuzufügen: die SM-70. Bis dahin bestand das so genannte »Sperrgebiet« aus einer fünf Kilometer breiten Sperrzone und einem 500 Meter breiten, von Bewuchs geräumten Schutzstreifen mit Patrouillenwegen, Stacheldrahtzaun, Stolperdrähten, Wachtürmen, Scheinwerfern und einem verminten Kernbereich, im Westen wie im Osten landläufig »Todesstreifen« genannt. Der Fortschritt, den die SM-70 nun brachte, bestand darin, jeden »Grenzverletzer«, der sie versehentlich auslöste, automatisch aus einem Trichter mit Stahlsplittern zu beschießen, die sich fächerförmig ausbreiteten. Menschliches Zutun war gar nicht mehr erforderlich. Mit Befriedigung stellte ein Testbericht der DDR-Grenztruppen 1971 über die Wirkung der neuen Errungenschaft fest:

»Die Splitterwirkung an den beschossenen Wildarten: Reh-, Schwarz und Federwild lässt den sicheren Schluss zu, dass durch SM-70 geschädigte Grenzverletzer tödliche bzw. so schwere Verletzungen aufweisen, dass sie nicht mehr in der Lage sind, den Sperrzaun zu überwinden.«

1976 gelang es Michael Gartenschläger, einem DDR-Oppositionellen, der fast zehn Jahre in Haft verbracht hatte, bevor er in die Bundesrepublik kam, zwei solcher Selbstschussanlagen vom Westen aus abzubauen und der internationalen Presse vorzuführen. Bis dahin hatte die DDR-Führung deren Existenz schlichtweg bestritten. Gartenschläger wurde von der DDR daraufhin zur Fahndung ausgeschrieben und bei einem weiteren Abbauversuch durch ein Spezialkommando des Ministeriums für Staatssicherheit erschossen.

3

»… aber bitte erschrick nicht!«

Zwei Jahre nach meinem Besuch in Bad Blankenburg machte ich im Juni 1973 Abitur. Mit der Schulzeit ging – und diesen Einschnitt empfanden wir alle als viel gravierender – auch die Internatszeit zu Ende.

Vier Jahre hatte ich in der »Schule Schloss Salem« verbracht, eine intensive, glückliche und erfüllte Zeit. Eine Schule der Reichen? Das auch. Die Frage: »Was für ein Auto fährt Dein Vater?« kannte ich, als ich im Herbst 1969 neu nach Salem kam, die Frage: »Wie viele Autos hat Dein Vater?« aber noch nicht. Damit mussten meine drei Brüder und ich, die wir alle das Internat am Bodensee besuchten, lernen umzugehen. Denn wir waren nicht als Kinder reicher Leute dorthin gekommen, sondern als Stipendiaten, an denen der Schule seit je gelegen war. So versucht sie die Schülerschaft zu »balancieren«, um sicherzustellen, dass der umfassende Internatsbetrieb und die weitgehende Selbstverwaltung der Schüler von diesen getragen werden. Denn Salem, das war und ist vor allem ein Bildungs- und Erziehungsangebot, das auf die außerschulische, besonders auch die politische, Bildung mindestens so viel Wert legt wie auf die schulische. Manchmal sogar zu viel Wert, so gelegentlich die sorgenvolle Einschätzung des zuständigen Oberschulamtes in den Anfangsjahren der Schule. Seit seiner Gründung 1920 verfolgt das Internat das Ziel einer »Erziehung zur Verantwortung«. Die Schüler sollen sich in kleineren und größeren Aufgaben bewähren und dabei vor allem auch den Mut finden, in einem Amt, in das sie von den anderen gewählt werden, gegen ihre Mitschülerinnen und Mitschüler für bestimmte Prinzipien und Regeln einzustehen.

»Etwas für richtig Erkanntes auch gegen Widerstände durchsetzen« – so hatte der Schulgründer Kurt Hahn diese Herausforderung formuliert. Von Lehrern und Erziehern wurde sie mit Geschick befördert und von den Schülern in gewichtigen Kontroversen mit großem Nachdruck und nicht immer gleich großer Duldsamkeit eingeübt und mit Leben erfüllt.

Doch wichtiger als hehre Prinzipien, als Strukturen, Ämter und pädagogische Grundsätze war uns das Gefühl, in einer selbstverwalteten Gemeinschaft zu leben, an der die Erwachsenen auch mitwirken durften. Dieses Gefühl vermochten unsere Lehrer und Erzieher uns erfolgreich zu vermitteln. So waren es vor allem gemeinsame Unternehmungen, Freundschaften und Abenteuer in einer Gemeinschaft Gleichaltriger, die unser Lebensgefühl bestimmten: die heimliche Party in der Waldhütte und der Nachmittag am Baggersee, Radtouren am frühen Sonntagmorgen durch die Obstbaumblüte des Salemer Tales und nächtliches Spaghettikochen, die verschwiegene Rückkehr vom verbotenen Besuch des Gasthofs im Nachbardorf und das bewusste »Herumgammeln« am Überlinger Landungssteg – hoffentlich meckerte jemand. Auf den Zimmern Schwaden von Räucherstäbchenduft, verwoben mit den Klängen der Songs von Bob Dylan und Joan Baez, der so wunderbar traurigen Lieder von Leonard Cohen und Georges Moustaki. Und eine Schule im Umbruch, herausgefordert durch eine erste Drogenwelle und Alkoholkonsum, durch hitzige Debatten zwischen Schülern, die der konservativen Gesinnung ihrer Eltern anhingen, und solchen, die mit flammender Rhetorik den revolutionären Aufbruch und den Umbau der Schule propagierten. Die Freundschaften, die sich hier bildeten, waren besonders verlässlich – so intensiv, wie wir miteinander lebten, wie wir uns kennenlernten. So entstand auch die Freundschaft zu KaGe (wie wir Klaus Grille nannten), der bei der Vorbereitung der Flucht eine wichtige Rolle spielen sollte. Der Zufall wollte es, dass schon unsere Väter, in den zwanziger Jahren in Dresden, in die gleiche Schule gegangen waren.

Warum kamen wir aufs Internat? Nicht, weil wir schulische Probleme hatten oder unsere Eltern mit uns größere Auseinandersetzungen gehabt hätten als andere Eltern mit ihren Fünfzehnjährigen. Es waren die Chancen dieses besonderen Bildungsangebotes, die unsere Eltern bewegten, uns nach Salem zu geben. Leicht fiel es den Eltern nicht, das Geld aufzubringen, das diese Erziehung trotz Stipendien kostete.

Ich war unschlüssig, wie es nach dem Abitur weitergehen sollte. Wehr- und Zivildienst blieben mir erspart, die Bundeswehr hatte mich – erwartungsgemäß – wegen eines alten Hüftleidens nicht gewollt. Die dadurch gewonnene Zeit sah ich als Chance, nicht gleich auf die Existenzgerade »Studium und Beruf« einbiegen zu müssen. Was ich studieren sollte, darüber war ich mir nicht im Klaren – was ich mit der gewonnenen Zeit anfangen sollte, das wusste ich umso besser. Zunächst wollte ich einige Monate im sozialen Bereich arbeiten, einmal »etwas Nützliches tun«, vielleicht in einem Gefängnis oder in

Die Internate in Salem / Baden (oben) und Neuoberhaus / Sachsen (rechts). Zwischen unseren Schulen lagen Welten ...

einem Alten- oder einem Behindertenheim. Und ich wollte zu meiner zweiten »zis-Reise« aufbrechen.

Etwa fünfzig Reisestipendien vergibt die »zis-Stiftung« jährlich an Jugendliche, Stipendien der besonderen Art. Der Reisende erhält eine feste Geldsumme – damals 350,– DM, heute 700,– € –, mit der er eine Reise in ein Land seiner Wahl unternehmen kann, um dort eine Arbeit zu einem ebenfalls selbst gewählten Thema anzufertigen – eine Studie oder ein Werkstück. Er muss die Reise allein unternehmen, darf kein eigenes Geld mitnehmen – höchstens etwas hinzuverdienen – und muss über die Reise Tagebuch führen. Nach Rückkehr müssen Tagebuch und Arbeit bei »zis« abgeliefert werden, die dann die besten Arbeiten des Jahres prämiert – damals mit einem zweiten, etwas besser dotierten Stipendium.

1972 war ich auf diese Art nach Zypern gereist: per Autostopp bis nach Griechenland und von Athen aus weiter als

… doch an beiden Orten wuchsen Freundschaften fürs Leben

Arbeiter auf einem Mittelmeerfrachter. Die Aufgabe, während eines Zwischenstopps in Beirut die Hafenarbeiter beim Entladen zu beaufsichtigen, überforderte mich restlos. »Zypern – Brennpunkt der Kulturen« lautete das selbst gewählte, etwas groß geratene Thema, dem ich auf der Mittelmeerinsel auf den Grund zu gehen versuchte. Kontakte ergaben sich in großer Zahl fast von allein – ich war die Attraktion jedes Dorfcafés: Wer kam schon auf die eigentümliche Idee, die »Insel der Aphrodite« im Hochsommer bei sengender Sonne mit dem Fahrrad zu erkunden? Als ich ankam, kannte ich niemanden, als ich abreiste, hatte ich an drei Hochzeiten teilgenommen und war zu weiteren eingeladen.

Für die Rückreise nahm ich eine Fähre zum türkischen Festland, durchquerte Anatolien per Bus und reiste schließlich von Istanbul per Anhalter über den Balkan nach Deutschland zurück. Die Kenntnisse über diese Reiseroute sollten mir knapp zwei Jahre später, bei der Vorbereitung der Flucht von Thomas, wertvolle Dienste erweisen. Die politische Entwicklung auf der Insel hingegen – die »Zypern-Krise« von 1974 – erwies sich im letzten Moment als ungeahnte Hürde für unser Vorhaben.

Die Ergebnisse der Zypern-Unternehmung hatten mir eine zweite Reise eingetragen. Sie sollte mich, so hatte ich beschlossen, zu einem möglichst fernen Ziel führen – nach Neuseeland. Und auch das Thema, dem ich nachgehen wollte, hatte ich schon im Kopf: Mit dem Verhältnis zwischen den Maori, den ursprünglichen Bewohnern des Landes, und den zugewanderten Europäern wollte ich mich beschäftigen.

Thomas hatte 1973 noch ein Jahr Schule vor sich. Auch er besuchte ein Internat, die »Zentrale Ausbildungsstätte Neuoberhaus« in Johanngeorgenstadt im Erzgebirge, nahe der tschechischen Grenze. Doch zwischen seiner und meiner Schule lagen Welten. Das zeigten Thomas' Berichte und die Fotos, die er schickte. Im Winter war die ZAS Neuoberhaus überhaupt nur mit der Schneeraupe zu erreichen. Dann fühlten sich die 250 Jungen und Mädchen, die hier auf geologische Fachberufe, oder, wie Thomas und seine Freunde, auf ein Geologiestudium vorbereitet wurden, den Lehrern erst recht ausgeliefert. Natürlich gab es Erwachsene, die in Ordnung waren, aber auch genug Linientreue, die herumschnüffelten, ob die Jugendlichen in den Aufenthaltsräumen wieder Westfernsehen guckten. Dann wurde die nächste Wochenendheimfahrt gestrichen. Oder der Fernseher eingezogen. Es verlangte schon einiges technisches Geschick, die Apparate so zu manipulieren, dass sie ARD oder ZDF empfangen konnten. Nicht ganz einfach, das richtige Kabel für eine Wurfantenne aufzutreiben.

Doch das Informationsverbot stachelte den Ehrgeiz erst richtig an. Mit Bangen und Hoffen verfolgten die Schüler die Sitzung des Deutschen Bundestages am 27.4.1972, als über das Misstrauensvotum gegen Willy Brandt gestritten und abgestimmt wurde. Die Sympathien der Neuoberhäuser waren eindeutig aufseiten des Bundeskanzlers – er hatte Annäherung gewagt. Vor der Tür und den Fenstern des Fernsehraumes hatten die Schüler Posten aufgestellt, um nicht vom Heimleiter überrascht zu werden. Doch der kam nicht – vielleicht schaute er sich die Fernsehübertragung im »Ersten« ja selbst an.

Die ZAS Neuoberhaus: einfachste Unterkünfte, Anfang der fünfziger Jahre für die Arbeiter des nahe gelegenen Uranbergbaus Wismut errichtet. Abgewohnt, heruntergekommen, kaum renoviert. Von den Wänden fiel der Putz. Auf den Stuben für jeden ein Bett, ein Stuhl, ein Spind. Kasernenmäßig. In der Mitte ein Tisch. Ideal für lange Skat-Runden – wenn es gelang, sich vor den »FDJ«-Abenden zu drücken, den so gar nicht freiwilligen Versammlungen der »Freien Deutschen Jugend«. Ansonsten: Ein Fußballplatz, im Winter Langlauf, viel Sport. Auch wenn Thomas und viele seiner Freunde sich ärztliche Atteste besorgt hatten, um andererseits nicht an den Veranstaltungen der »GST« teilnehmen zu müssen: Die paramilitärischen Übungen der »Gesellschaft für Sport und Technik« mied man, wenn es irgend ging. Am Wochenende ein Ausflug zu Fuß ins drei Kilometer entfernt gelegene Johanngeorgenstadt. Oder mit dem Geologenhammer durch die Wälder und über die Abraumhalden der Umgebung. Wenn man nicht, wie oft, nach Hause reiste. Vier bis fünf Stunden Fahrt in jede Richtung bedeutete das für Thomas jedes Mal. Manchmal fuhr er auch mit zu einem Freund nach Hause, der näher wohnte. In einem unterschieden sich Thomas und mein Internat nicht: an beiden Orten entstand verschworene Gemeinschaft, wuchsen Freundschaften fürs Leben.

Anders als ich wusste Thomas genau, was er werden wollte: Sein Traum war es, Rechtswissenschaften zu studieren. Doch er wusste, dass er gar nicht erst versuchen musste, sich dafür zu bewerben. Zwar hatte er gute Noten, aber er war eben zu oft angeeckt, hatte sich nicht im erforderlichen Umfang politisch engagiert. So beschloss er, Geologe zu werden, wie sein Urgroßvater, der spannende Forschungsreisen unternommen, 30 Jahre als Ordinarius in Halle gelehrt hatte und Präsident der »Deutschen Akademie der Naturforscher Leopoldina« gewesen war. Doch dann gab es Gerüchte, dass in der DDR in jener Zeit keine Geologen gebraucht würden. Oder dass zumindest in jenem Jahr, in dem Thomas seinen Wehrdienst würde abgeleistet haben, niemand zu diesem Studium zugelassen würde. So einfach war das. In seiner Berufswahl war Thomas nicht frei, wie er überhaupt nicht frei war, und damit kam er immer weniger zurecht. Was mir freistand, war ihm nicht vergönnt: zu reisen, wohin er wollte, seine Meinung zu äußern, sich eine Pause zu gönnen und ganz anderen Pfaden zu folgen. Aus Ärger und Unmut wurden Wut und Entschlossenheit, angefacht auch durch Gespräche mit Freunden im Internat – vor allem mit Bernd Herzog und Thomas Röthig, die dachten wie er. Immer intensiver kreisten die Überlegungen der drei darum, die DDR zu verlassen. Der kurze Zeitraum zwischen Abitur und Beginn des Wehrdienstes schien ihnen dafür am besten geeignet: die Schule wäre abgeschlossen und eine Ausbildung noch nicht begonnen. Gravierende Folgen hätte es haben können, während des Armeedienstes zu fliehen: Wer gegen die Paragraphen 213 und 254 des DDR-Strafgesetzbuches – »ungesetzlicher Grenzübertritt« und »Fahnenflucht« – gleichzeitig verstieß, musste mit besonders drakonischen Strafen rechnen.

Aber wie konnte ihnen das gelingen, eine Flucht aus der DDR? Erste Pläne wurden geschmiedet. Ein Schulkamerad war ganz in der Nähe der Elbe zu Hause, am anderen Ufer lag das niedersächsische Hitzacker. Doch welche Kontrollen musste man durchlaufen, um überhaupt in die Nähe der Grenze zu gelangen, war man dort nicht zu Hause! Auch östlich der innerdeutschen Grenze war allzu gut bekannt, wie hermetisch nicht nur die Land-, sondern eben auch die Wassergrenze zur Bundesrepublik gesichert war.

Andere Pläne, es in eigener Regie zu probieren, wurden geschmiedet, gewendet und verworfen. Würden sie nicht fremde Hilfe brauchen? Eines Abends streute Thomas in eines ihrer grüblerischen Gespräche ein: »Habe ich euch eigentlich schon mal erzählt, dass ich einen Vetter im Westen habe?« Vielleicht könne der ja helfen. – Ob der denn zuverlässig sei? – Ja, da sei er sich sicher. – Dann solle er den mal fragen, meinten die Freunde.

Doch so einfach ging das nicht. Es wäre riskant gewesen, darüber offen zu korrespondieren. Miteinander zu telefonieren wäre noch gefährlicher gewesen – ganz abgesehen davon, dass das so gut wie unmöglich war: Private Anschlüsse waren in der DDR dünn gesät – Thomas' Familie besaß keinen, Gespräche in den Westen mussten vorher angemeldet werden und es konnte Stunden dauern, bis sie zustande kamen. Und dann wurden sie natürlich abgehört.

So weihte Thomas Margret Schaller in seine Pläne ein, die Freundin seiner Mutter, die im Sommer 1973 in Bad Blankenburg zu Besuch war. Er gab ihr einen Brief an mich mit und bat sie, mit mir Kontakt aufzunehmen.

Dem Brief von Margret Schaller lag ein Bogen karierten Papiers bei, eng beschrieben in Thomas' kleiner, aufrechter, mir vertrauter Handschrift. Eine Handschrift, die sich bald ändern sollte, noch im Laufe des Jahres: sie wurde größer, unregelmäßiger, vielleicht unordentlicher – oder freier.

Lieber Rüdiger!
Um gleich mit der Tür ins Haus zu fallen, aber bitte erschrick nicht, wenigstens nicht so, daß Du unfähig bist, Dein möglichstes zu tun, um mir zu helfen. Also, ich hätte die Absicht »umzusiedeln«, diesen oder nächsten Sommer in Eure politische Freiheit zu kommen. Leider bin ich nicht allein, zwei Freunde setzen mit mir ihr Leben aufs Spiel. Bloß ist es die Frage des »Wie«. An der Zonengrenze wollen wir es nicht versuchen, denn wir sind ja für Euren Staat nützlich (so hoffe und denke ich jedenfalls), und wollen nicht mit Blei beschwert werden.
Siehst Du günstige Verbindungen bzw. Möglichkeiten für uns? Lässt sich es mit Pass oder Ausweis machen? Vielleicht findest Du ein paar Jungen (welche uns ähneln) welche sich mit unseren Passbildern neue Pässe und Ausweise machen ließen? Dazu bräuchten wir noch einen Stempelmacher, der die Einreisestempel (z. B. nach Rumänien) machte, wir

dann von dort ausfliegen könnten. Oder vielleicht geht es so, daß Du nach Rumänien kommst, vorher Pass und Ausweis mit meinem Bild Dir machen ließest, ich mit diesen in die BRD fliege, Du Dich beim deutschen Konsulat vorstellst: ›man hat mir meinen Beutel mit Geld und Ausweisen gestohlen‹, oder ›ich hab's verloren‹! Vielleicht ist auch das Risiko für Dich zu groß, na äußere Dich mal. Bekommst Du nur Personalausweise für uns, so müssen wir nach Jugoslawien (»für Staatsangehörige der BRD … genügt für einen Aufenthalt bis sieben Tagen ein Personalausweis und ein auf Grund dessen ausgestellter Aufenthaltsschein«), Ihr gebt uns unsere Ausweise, wir fahren durch Jugoslawien und versuchen an der Adria-Küste einen Privatsegler zu finden, der uns nach Italien, oder vorgelagerten Inseln bringen könnte. Auch wäre es möglich, einfach mit dem Ausweis von Jugoslawien auszureisen, und den als zusätzlich nötigen Aufenthaltsschein als verloren anzugeben.
Margret Schaller weiß genaueres, da sie persönlich mit uns darüber sprach. Auch sendet sie Dir diesen Brief zu, da es sehr gefährlich ist, ihn (diesen Brief) durch die Röntgenaugen der DDR-Zollbehörden gehen zu lassen, sei deswegen mit der Antwort vorsichtig. Auch lasse etwas hören über meinen letzten Brief. – Meine Eltern dürfen nicht von meinem Vorhaben wissen. Die auftretenden Geldauslagen kannst Du und M. Schaller sofort im voraus, oder danach bekommen.
Bitte setz Dich für uns ein!
Im Glauben an Deine Hilfe
Dein Dir schuldender Thomas

Wie ein Donnerschlag traf mich Thomas' Bitte – plötzlich, unerwartet und mit großer Wucht. Gefühls- und Gedankenketten jagten ungeordnet durch meinen Kopf. Doch noch bevor ich begonnen hatte, Chancen und Gefahren, Wege und Möglichkeiten abzuwägen, war mein Entschluss getroffen: Ich würde Thomas helfen. So oft ich später an diesen Moment und alles, was danach kam, zurückdachte, in einem war ich mir stets sicher: Nie würde mich die Frage des *ob* bewegen, sondern immer nur die des *wie*.

Thomas. Natürlich. Recht hat er. Du magst ihn. Dein Vetter – dann sowieso. Vierten Grades – na und? Er denkt und fühlt wie Du. Aber wie soll das gelingen?

4
Was zusammengehört

Der kleine graue Elefant aus der Spielzeugkiste meiner Kindheit war wohl aus Kautschuk gefertigt. Jedenfalls nicht aus Plüsch wie die anderen Tiere. Er fasste sich an wie der Gummistöpsel in der Badewanne. Deswegen gefiel er mir nicht sehr, aber er war besonders wertvoll. Denn mein Großvater hatte ihn mir aus Afrika mitgebracht. Davon war ich überzeugt, so hatte meine kindliche Logik es sich zurechtgelegt: Afrika, das war die Welt voller farbiger, lebendiger und schöner Bilder, die der Großvater aus seinen Erinnerungen vor uns ausbreitete. Und besonders wichtig war der Elefant, weil alles andere, was mit Afrika zusammenhing, verloren gegangen war. Vor allem die beiden Farmen, die der Großvater in »Deutsch-Südwest« besessen hatte. Erst mit der Zeit begriff ich: Der Großvater hatte Afrika bereits 1916 verlassen, als Kriegsgefangener, und ich war erst 1953 geboren worden.

So vieles, was ich mir nicht erklären ließ, weil ich mir meinen eigenen Reim darauf machte. Was soll man auch fragen, wenn einem die Dinge klar sind. Hören, empfinden, sortieren. Der ständige Strom der Erzählungen von Eltern und Großeltern, immer neue Bilder, Eindrücke und Urteile. Langsam entsteht aus dem Flickenteppich an Erinnerungen und Vorstellungswelten früherer Generationen eine eigene Kartographie der Vergangenheit.

Verloren gegangen war nicht nur Afrika, ganze Welten waren versunken: das Kaiserreich und Dresden, die Heimat des Vaters. Russland, in dessen baltischen Ostseeprovinzen die Eltern der Mutter aufgewachsen waren, wurde seit Langem von Kommunisten beherrscht. Verloren gegangen waren Vermögen, erst durch Inflation, dann durch Enteignung, verloren gegangen war die Heimat beider Familien und schließlich irgendwie Deutschland überhaupt und insgesamt.

Jedenfalls gab es jetzt eine »sowjetisch besetzte Zone« und »Mauer und Stacheldraht«. Statt »Zone« konnte man auch »drüben« sagen, »SBZ« oder auch »Mitteldeutschland«. Auf keinen Fall aber »DDR«, das wäre einer staatlichen Anerkennung gleichgekommen. Und das Wort »Ostdeutschland« hätte einen Verzicht auf die »Ostgebiete« bedeutet – Schlesien, Pommern, Ostpreußen … Gelegentlich beklagte der Großvater überdies den Verlust von Elsass-Lothringen, Eupen-Malmedy oder Nord-Schleswig. Wie verhielt es sich eigentlich damit? Konnte man dorthin auch nicht reisen? Gab es dort auch »Mauer und Stacheldraht«? Wieder eine der vielen Fragen, die ich den Erwachsenen nicht stellte und die mir als Acht- oder Zehnjährigem durch den Kopf gingen.

Die Eltern des Vaters wohnten im Hause. Und sie hatten spannende Geschichten zu erzählen. Großvaters Ritte in Afrika und die Klicklaute der San, die er beherrschte – die »Schnalzlaute« der »Buschleute« –, die Bergtouren, die die Großmutter – ganz allein, nur mit einem Bergführer! – vor dem Ersten Weltkrieg in den Alpen unternommen hatte, oder das alte Dresden »vor dem Untergang« mit seiner reichen Kultur und einem Panoptikum längst verstorbener

Verwandter. Und Seerhausen, das untergegangene Schloss, in dem der Großvater aufgewachsen war. Das erschien mir verwunschen wie das Schloss bei »Dornröschen«. Die Großeltern hatten Zeit für uns, für Geschichten und für Spiele: 66, Patience und Mah-Jongg.

Von ihnen erfuhren wir auch manches aus der Kindheit und Jugend unseres Vaters. Pfadfinder war er gewesen und mit diesen »auf Fahrt« gegangen, auch ins Ausland. Mit dem Faltboot war er die Donau hinuntergefahren. Doch, gelegentlich sprach er auch selbst davon, aber diese Erinnerungen erschienen ihm weniger wichtig als Themen der Geschichte und Familiengeschichte. Von Karl dem Großen und dem Dreißigjährigen Krieg erzählte er uns, vom Buchverlag des Vorfahren und warum der Urgroßonkel nach Amerika gegangen war. Und immer wieder – wie ich später begriff: sehr bewusst – Geschichten, die von großer Zuversicht geprägt waren, in denen Menschen in schier auswegloser Situation nicht aufgegeben hatten: Martin Luther auf dem Wormser Reichstag. Die Bürger von San Francisco, die nach dem großen Erdbeben ihre Stadt wieder errichtet hatten. Die Frauen, die 1945, ohne ihre Männer, begonnen hatten, das zerstörte Land aufzuräumen und wieder aufzubauen.

Regelmäßig endeten solche Geschichten mit der Erklärung: »Wenn es nicht durch die Mitte geht, geht es rechtsrum. Wenn es nicht rechtsrum geht, geht es linksrum. Ganz gleich, wie: Es gibt immer einen Weg.« Und wenn unser Vater abends an unser Bett kam, um uns gute Nacht zu sagen, lautete sein letzter Satz stets: »Und morgen ist wieder ein schöner Tag!«

Meine Mutter war noch weiter im Osten aufgewachsen, an der Grenze zwischen Litauen und Lettland. Seit Jahrhunderten hatten Deutsche dort im Baltikum gelebt und in den Diensten der russischen Zaren gestanden, zu deren Reich die »Ostseeprovinzen« gehörten. Doch mit dem Ende des Ersten Weltkrieges, mit der Revolution und der Gründung der baltischen Republiken hatten sie ihre politische und soziale Stellung verloren, ihr Grundbesitz war weitestgehend enteignet worden. Dennoch blieben meine Großeltern – bis Hitler und Stalin beschlossen, die drei unabhängigen baltischen Staaten unter sich aufzuteilen und die dort verbliebenen Deutschen »umzusiedeln«. Im sogenannten »Warthegau«, dem westlichen Polen, das Deutschland 1939 besetzt hatte, wurde ihnen eine neue Bleibe zugewiesen. Der Name »Warthegau« leuchtete mir ein: Ich wusste ja, dass sie wenig später weiterzogen, diesmal auf der Flucht vor der heranrückenden Roten Armee. Bis dahin hatten sie eben gewartet. Auch das musste ich mir nicht erklären lassen.

Jeden Herbst kamen die Eltern meiner Mutter zu Besuch. Wie viele deutsche Balten waren sie bald nach Kriegsende aus dem zerstörten Deutschland nach Kanada ausgewandert. Dort hatten sie sich – beide bereits jenseits der 50 – noch einmal eine bescheidene Existenz aufgebaut; alles Geld legten sie zur Seite, um uns einmal im Jahr zu besuchen und auf Reisen durch Deutschland die baltischen Fäden weiterzuspinnen.

Die Erzählungen der väterlichen wie der mütterlichen Großeltern über die Zeit vor dem Kriege waren in vielem ähnlich. Doch mit der Zeit spürte ich, dass sie sich auf eigentümliche Art auch unterschieden – in der Haltung, wie sie mit dem

Verlust, den sie alle erlitten hatten, umgingen: Die Flüchtlinge aus der Mitte und dem Osten des früheren Reiches lebten in der Hoffnung – und die Politik nährte diese Hoffnung –, einst wieder in ihre Heimat und ihre Häuser, in ihre Besitzungen und auf ihre Höfe zurückkehren zu können. So, wie die Familie meines Vaters. Alles Verlorene und Erlittene schmerzte dauerhaft. Nichts war abgeschlossen und aufgerechnet, auf nichts verzichtet, alle Wunden waren offen.

Die Mutter, ihre Eltern und die baltischen Verwandten hingegen hatten sich auf ganz eigene Weise in ihr Schicksal gefügt. Ihr Verlust schien ihnen, ohne dass sie dies wohl so gesagt hätten, endgültig. Plonian, das Elternhaus der Mutter, lag nun in der Sowjetunion, und seitdem die Familie es 1944 verlassen hatte, war nichts, kein Hinweis, kein Bericht, nichts über das Schicksal der Heimat und seiner Menschen zu ihnen gedrungen. Erzählte meine Mutter aus ihrer Kindheit, so durchzog keine Trauer diese Episoden, höchstens eine gewisse Wehmut. In Plonian war immer Sommer gewesen – oder krachender Winter, das Haus war bevölkert von liebenswürdigen Verwandten und baltischen Originalen, die sich um Samowar und Petroleumlampe scharten und mit den Kindern in einem Haus ohne elektrisches Licht »Verstecken« und »Mord im Dunkeln« spielten. Es waren Berichte einer ländlichen Kindheit am Rande Europas, von einem Leben mit den Jahreszeiten, einem Leben voller Ruhe und Gleichklang.

Glichen die Erzählungen der Mutter Berichten aus einer Epoche, die eigentlich in den zwanziger und dreißiger Jahren des 20. Jahrhunderts bereits untergegangen war, so erstand in den Erzählungen der Großmutter eine noch viel wundersamere Welt: der Zarenhof in Sankt Petersburg, die Revolutionen von 1905 und 1917, die sie als Kind und Mädchen miterlebt hatte, ihr Schulabschluss-Examen in Moskau während des Ersten Weltkriegs. Bei allem Schrecken, der für sie und ihre Generation von der Sowjetunion ausgegangen war, vermittelte sie uns – wie unsere Mutter – doch eine tiefe Zuneigung zu Russland, zu seiner Kultur und Sprache, seiner Geschichte und seinen Menschen. Die Großmutter rezitierte Lermontow-Gedichte und liebte die Musik Rachmaninoffs, zu Ostern wurde Pas'cha zubereitet. Kamen Freunde zu Besuch, buk meine Mutter Piroggen. Die enge Verbindung mit Russland hatte das Leben der Baltendeutschen über Jahrhunderte geprägt. Der Schrecken der Revolutionen, der kommunistischen Herrschaft und der Roten Armee, das war in ihren Augen nicht russisch, das war sowjetisch. In dieser Spannung mochte auch mein eigenes wachsendes Interesse, ja meine Faszination ihren Ursprung genommen haben: für Russland, für die russische Kultur, aber zugleich auch für die Sowjetunion und die sozialistische Lehre und für die Frage, warum der totalitäre Zugriff der leninistischen Machtapparate auf Millionen von Menschen dauerhaft zu gelingen schien. Im Internat hatte ich begonnen, neben der Schule Russisch zu lernen; für meine Leseübungen diente ein Band mit Gedichten von Anna Achmatowa. Wie Burkhard liebte ich die melancholischen Lieder Bulat Okudschawas und las, auf Deutsch, dessen satirisch-subversive Bücher, die die politischen Zustände im alten Russland kritisierten und die Sowjetunion meinten.

Das alte Russland, Afrika, der Kaiser – die Welt der Großeltern, das war alles weit weg. Doch auch die Kindheit und

Jugend der Eltern schien mir unendlich fern. Was bloß wenige Jahre her war, verband sich überhaupt nicht mit meiner Gegenwart. Zwischen meiner Kindheit und Jugend und jener der Eltern und Großeltern lag der Krieg, ein Vorgang von so ungeheurer, schrecklicher Ernsthaftigkeit, dass ich ihn unmöglich erfassen konnte. 1945, das war der vollständige Bruch. Diese Zäsur war absolut, sie hatte alles radikal geändert. Die Zeit »vor dem Kriege« war so weit weg wie der Mond.

»Vor dem Kriege« so hieß es in den Unterhaltungen der Älteren, wenn die Zeit vor dem Zweiten Weltkrieg gemeint war. Entsprechend sagte man »im Kriege« und, zur Unterscheidung davon, »im ersten Kriege«. Der Bruder der Mutter und der Bruder des Vaters waren »gefallen«, Verwandte und Bekannte waren »im Felde geblieben«, »verschollen« oder »von der Front überrollt« worden, die Tante hatte »Schreckliches erlebt« beim Einmarsch der Roten Armee. Die Mutter hatte den Vetter »nie mehr wiedergesehen«, dem es, anders als ihr, der Schwangeren, noch gelungen war, am Abend des 13. Februar 1945 in Dresden einen Zug zu besteigen. Der war wenig später einem Fliegerangriff zum Opfer gefallen. Meine Mutter war vom Bahnhof in die Stadt zurückgeeilt und hatte die Zerstörung Dresdens wie durch ein Wunder überlebt. Was sich da zugetragen hatte, wussten wir aber nur von unserem Vater, in Umrissen. Sie selbst sprach davon nie.

Das eigene Schicksal war so übermächtig, das Trauma so groß, dass Fragen von Ursache und Wirkung, von Schuld und Versagen, vom Leid anderer gar nicht durchdrangen in den Erzählungen der Eltern und Großeltern. Dass es eine andere Sicht der Wirklichkeit gab, erfuhren wir in der Schule, in den

Häusern von Freunden oder im Sommer bei der französischen Gastfamilie. 1970 verbrachte ich einige Monate als Austauschschüler in einem Internat in Schottland. Die bevorzugte Lektüre meiner Zimmergenossen waren »Warmags«, »Warmagazines«, billig produzierte Heftchen mit gezeichneten Bildergeschichten über schlaue englische Soldaten, die zahlenmäßig weit überlegene, aber tumbe Deutsche heldenmütig besiegten, welche nicht einmal ihre eigene Sprache richtig beherrschten (»Donner und Blitzen!«, »Du Schweinhund!«). Jenseits der Auseinandersetzung über platte Vorurteile wurde rasch deutlich: Meinen britischen Mitschülern waren eben ganz andere Erzählungen mit auf den Weg gegeben worden als mir. Sagte ich »Dresden«, sagten sie »Coventry«. Und sagte ich, nach Rückkehr, zu meinem Vater »Coventry«, wurde die Diskussion erst recht hitzig. Viele Themen waren zu gefühlsbeladen, als dass mein Vater und ich uns hätten einig werden können. Aber ich rechnete es meinen Eltern hoch an, dass sie mich Erfahrungen und Meinungen aussetzten, die im Gegensatz zu ihren eigenen standen.

Der Krieg, das war die große Erzählung, die alles überwölbte. Heute weiß ich, dass die Älteren uns vor der Wucht ihrer eigenen Erlebnisse auch zu schützen suchten, und ich spüre noch immer, wie wenig ihnen das gelang. Ich hatte schreckliche Angst vor dem Krieg, schreckliche Angst, dass er wiederkommen würde – ohne, dass ich genau hätte sagen können, was das bedeutet hätte. Als kleines Kind immer wieder der gleiche Traum: Überall ist Krieg. Nur an einem Ort nicht. Mit meinen Eltern und Geschwistern versuchen wir verzweifelt, ihn zu erreichen. Aber wo war dieser Ort?

Dass der Krieg wiederkommen würde, war ja sehr wahrscheinlich, um nicht zu sagen: eigentlich ausgemacht. Auf den Handtuchhaltern aus elfenbeinfarbenem Kunststoff, die wir an die Kacheln im Badezimmer klebten – Folie abziehen, anlecken, andrücken, festhalten – stand: »bombenfest«. Das war so irritierend wie beruhigend zugleich: »Muss man damit rechnen? – Na, dann halten sie wenigstens, wenn es drauf ankommt.« Die Sorge der Erwachsenen während der Kubakrise übertrug sich auch auf uns. Und in den ersten Klassen der »Volksschule« wurden auch wir von unserem Lehrer auf den Atomkrieg eingestellt: War man auf dem Nachhauseweg, sollte man sich flach auf den Boden legen, in Richtung des Atompilzes und den Ranzen als Schutz vor dem Kopf aufstellen. In der Schule hätte man auch das Pult umstürzen können, um sich dahinter zu verbergen. Das wäre aber in unserer Klasse nicht gegangen, denn die Pulte waren alt und alle miteinander verschraubt. Jedenfalls wurden seit der Kubakrise im Keller haltbare Lebensmittel bevorratet. Vor allem merkwürdige Konservendosen, die dann eines Tages vergessen wurden und weggeworfen werden mussten, weil sie sich aufbeulten.

In Siegen, wo ich die ersten Jahre meiner Kindheit verbrachte, stand eine riesige Kerze, die ständig brannte und an das Schicksal der Kriegsgefangenen erinnerte. In unserer Straße gab es Ruinen, in denen sich herrlich spielen ließ, was streng verboten war. Die Ruinen in Düsseldorf, wo wir dann bis Mitte der sechziger Jahre lebten, waren höher. Mit der Zeit verschwanden sie, genauso wie die Kriegsversehrten: die Beinamputierten, deren leeres Hosenrohr sorgfältig hochgeheftet war, die Männer mit den lederüberzogenen Handprothesen, der alte Mann ohne Beine, der auf einem kleinen Brett mit Rollen am Rande des Jahrmarkts Kurzwaren verkaufte, Knöpfe, Nähzeug oder Pflaster: »Eine Mark der Meter – brauchen tut's ein jeder!«

Mit der Zeit verschwanden auch die Suchplakate des »Deutschen Roten Kreuzes«, die auf jedem Bahnhof hingen und in jedem öffentlichen Gebäude. Auf ihnen waren Kinder zu sehen, auf den Bildern so alt wie ich, ein Mosaik kleiner Köpfe. Sie hießen »Hermann«, »vielleicht Waldemar«, »Gudrun« oder hatten »möglicherweise eine Schwester Margarete« gehabt. Sie stammten »wahrscheinlich aus der Nähe von Insterburg« oder »aus dem Raum Schweidnitz« und hatten den schrecklichsten Verlust erlitten, den ich mir vorstellen konnte: »Kinder suchen ihre Eltern« stand auf diesen Plakaten.

Die letzte Spur des Krieges, die es Ende der sechziger, Anfang der siebziger Jahre im öffentlichen Bild von Schwäbisch Gmünd noch gab, der letzten Station meiner Kindheit, waren die Plakatständer, die das »Kuratorium unteilbares Deutschland« aufstellte, welches den Gedanken an das ganze Deutsch-

land wachhalten wollte: »3 geteilt – niemals!« Auf ihnen war »Deutschland in den Grenzen von 1937« abgebildet, so wie in »Dierckes Weltatlas«, den wir im Erdkunde-Unterricht benutzten, und im dazugehörigen Lehrbuch »Seydlitz, Bd. 1 – Das deutsche Vaterland«. In dieser Frage gab es zwischen den politischen Parteien keine Auffassungsunterschiede. Wann wir aufhörten, am Silvesterabend die Rollläden hochzuziehen und Kerzen in die Fenster zu stellen, um der deutschen Einheit zu gedenken, weiß ich nicht mehr. Der Berliner Bürgermeister Willy Brandt hatte das vorgemacht, auf einem Foto in der Zeitung war das zu sehen gewesen. Doch das Gedenken dünnte aus. Irgendwann wurde anlässlich des »Tages der deutschen Einheit« in der Schule nicht mehr jene hässliche Nachbildung der Berliner Freiheitsglocke aus Plastik verkauft – ein Kerzenständer, der stinkend zu schmelzen begann, wenn man ihn zu bewachen vergaß – oder der kleine Anstecker »Brandenburger Tor«, den man anlässlich des 17. Juni tragen sollte. Aber natürlich blieb »die deutsche Frage offen«. Irgendwie. Woran der einzelne dabei denken mochte, das spielte keine Rolle: ob nur an »drüben« (»Denk an drüben!« forderten die Plakate des Kuratoriums inzwischen mit Blick auf die DDR) oder auch an jene Teile Deutschlands, die eben »zur Zeit unter polnischer« beziehungsweise »sowjetischer Verwaltung« standen, wie es ebenfalls dem Diercke zu entnehmen war und wie es uns unser Erdkundelehrer beibrachte, der aus Ostpreußen stammte.

Noch ein Bild aus der Kindheit: die Feldbetten. Wieder einmal gingen die Eltern auf den Dachboden, um die Feldbetten herunterzuholen. Klappbare Holzgestelle, über die sich festes

Segeltuch spannte. Eine Lagerstatt für die Nacht. Sie stammten »von den Amerikanern«. (Aber warum hatten wir von denen was, wo wir doch gegen die den Krieg verloren hatten?) Wurden die Feldbetten geholt, kamen Verwandte zu Besuch. Ein steter Strom, ganz selbstverständlich. Familie, das war mehr als der engere Kreis von Eltern, Geschwistern und vielleicht noch Großeltern oder Elterngeschwistern. Ungezählt die baltischen Onkel und Tanten, Vettern und Cousinen, oft nur weitläufig verwandt, die ganz selbstverständlich bei uns unterkamen, wenn sie auf der Durchreise waren; ein entfernter Neffe des Vaters, der in der Nähe einen Ausbildungsplatz gefunden hatte, logierte für Monate bei uns. Das war praktisch, denn abends brachte er Burkhard und mir Skat bei. Dass ich ständig verlor, verbesserte das Verhältnis zweier Brüder, die nur anderthalb Jahre auseinander waren, nicht unbedingt.

Wie selbstverständlich bezogen auch wir bei entfernten Tanten Nachtquartier, wenn wir in ihrer Stadt etwas vorhatten, in kleinen, spärlich eingerichteten Wohnungen. Das Adressbuch, das meine Mutter für mich gefertigt hatte, war nicht nach Namen, sondern nach Orten sortiert – und hinter jedem waren Namen von Verwandten oder guten Bekannten aufgeführt, bei denen ich unterkommen konnte.

So war es eben auch ganz natürlich, dass wir die Verwandten in der DDR besuchten, sobald wir eine solche Reise allein unternehmen konnten. Familie, ihre Wurzeln, ihre Brüche und die Umbrüche in den Biographien unserer Eltern: Darüber hatte ich mich auch mit Thomas unterhalten, als ich 1971 in Thüringen war. So war es nur natürlich, dass Thomas sich im Herbst 1973 bei mir meldete.

5
Ein fatales Missverständnis

So viele Gründe, die es für mich ganz selbstverständlich machten, Thomas zu helfen. So viele Gründe für Thomas, sich an mich zu wenden. Vettern gehören zusammen.

Aber wie sollte es gelingen? Allzu präsent waren mir die fast täglichen Zeitungsberichte über Fluchtgeschichten.

Sobald ich als Kind drei Buchstaben hatte zusammenfügen können, hatte ich gerne und viel gelesen – »jede Fleischerzeitung hast Du mitgenommen«, brachte meine Mutter es später auf den Punkt. Früh weckte mein Vater bei uns allen ein politisches Interesse, und so hatte ich bald auch begonnen, richtige Zeitung zu lesen und mich langsam vom »Vermischten« zum Politikteil vorgearbeitet, den ich inzwischen am liebsten in der »Süddeutschen Zeitung« las. Und hier fanden sich in jenen Wochen und Monaten, in denen die Vorbereitung unserer »Reise« mich beschäftigte, fast täglich Meldungen über Fluchtversuche und Fluchthilfe. Selten berichteten sie von – oft tollkühnen – Erfolgen, meist vom Scheitern. So auch in jenen Oktobertagen 1973, in denen ich Thomas' Brief erhielt:

»Süddeutsche Zeitung«, Samstag, 6./Sonntag, 7. Oktober 1973

Zwei Bundesbürger in der DDR festgenommen

Die DDR hat die Festnahme von zwei Bundesbürgern bekanntgegeben, denen sie Missbrauch des Transitabkommens vorwirft … In den vergangenen Tagen hatte die DDR mehrfach über Festnahme von Transitreisenden berichtet, denen sie vermutlich vor allem Fluchthilfe zur Last legt.

»Süddeutsche Zeitung«, Montag, 8. Oktober 1973
Weitere Festnahmen im Berlin-Verkehr. Härterer Kurs der DDR auf den Transitwegen

»Süddeutsche Zeitung«, Montag, 8. Oktober 1973
Der **Fluchtversuch eines DDR-Bürgers** ist bei Lüchow im Kreis Lüchow-Dannenberg im Splitterhagel von Selbstschussanlagen gescheitert. Nach Angaben des Zollgrenzdienstes hörten Zollbeamte die Explosionsgeräusche von vier automatischen Schussapparaten, dann das Stöhnen eines offenbar Schwerverletzten. Nach etwa eineinhalb Stunden wurde der Mann von Angehörigen der DDR-Volksarmee abtransportiert.

Wie sollte das alles gelingen? Und wie fügte sich das alles in meine eigenen Pläne? Noch dachte ich darüber nicht nach. War mir unbewusst sicher, Thomas so nebenbei »rüberholen« zu können. Bald. Bevor ich losfahren würde – auf meine große Reise nach Neuseeland. Die musste ich vorbereiten. Dafür brauchte ich sowieso Zeit. Und die geplante Sozialarbeit würde sich schon irgendwie organisieren lassen. So lange, bis die Reiseplanung stand. Oder eben, bis ich Thomas rausgeholt hätte. Aber wie?

Mit meinen ersten Überlegungen wandte ich mich umgehend an Margret Schaller, die mir Thomas' Brief geschickt hatte. Selbstverständlich, so antwortete ich ihr, sei ich uneingeschränkt bereit, Thomas zu helfen. Gleichzeitig verhehlte ich nicht, dass ich mich sorgte, Thomas und seine Freunde könnten im Westen enttäuscht werden. In einem seiner Briefe hatte er sich kritisch über die sehr auf das Materielle ausgerichtete Lebenseinstellung der Menschen im Westen geäußert. Und ich erinnerte mich, wie gut der private Zusammenhalt unter dem Druck der schwierigen Verhältnisse in der DDR sein konnte, wie wichtig dies Thomas war.

Leider wisse ich nicht, schloss ich meinen Brief, wie gefährlich es sei, mit Thomas direkt über die Angelegenheit zu korrespondieren. Ob sie mir dazu etwas sagen könne?

Diese Frage sollte ein fatales Missverständnis auslösen: Denn während ich davon ausging, Margret Schaller werde sich nun an Thomas wenden oder mir antworten, geschah zunächst nichts. Thomas und seine Freunde blieben völlig im Ungewissen, ob oder wie ich ihnen helfen würde.

Ich hingegen begann zu überlegen und zu planen. Es sollte Wochen und Monate dauern, bis der Fluchtplan in allen Einzelheiten feststand: Nachdenken und dumme Fragen stellen, Lesen, Grübeln und Ausprobieren. Doch über einige Grundsätze war ich mir früh im Klaren: Ich wollte die Flucht auf jeden Fall selbst organisieren, nicht also Dritte – und das hätte in erster Linie geheißen: kommerzielle Fluchthelfer – damit beauftragen. Zu groß schienen mir die Unwägbarkeiten, hätte ich das Unternehmen in fremde Hände gegeben. Zu gegenwärtig waren die Berichte über Verrat und Spionage, zu groß war mein Misstrauen gegenüber einem bloß finanziellen Interesse Dritter, die möglicherweise bereit gewesen wären, alle Beteiligten hohen Risiken auszusetzen. Ganz abgesehen davon, dass ich gar nicht wusste, wie ich an kommerzielle Fluchthelfer hätte herankommen können.

Welche Route, welchen Weg konnten wir wählen? Eine Flucht unmittelbar über die deutsch-deutsche Grenze: ausgeschlossen. Das sah ich genau wie Thomas. Das riskierten nur noch Lebensmüde, die Sicherungsanlagen waren mörderisch und die DDR-Führung unternahm alles, dass das auch jeder wusste. Über die innerdeutschen Grenzübergänge, etwa im Kofferraum eines Autos? Pures Vabanquespiel, im Grunde aussichtslos. An den Grenzen wurde lückenlos kontrolliert. Mit dem Boot über die Ostsee? Viel zu aufwändig und gefährlich. Nein, die Flucht sollte über ein anderes Land erfolgen, ein Land, in das Thomas und seine Freunde problemlos einreisen konnten, weil es zum »Warschauer Pakt« gehörte. Aber auch von dort aus sollte es nicht »über die grüne Grenze« weitergehen, und auch nicht über die offizielle Grenze, versteckt in einem Fahrzeug. Nein, Thomas und seine beiden Klassenkameraden sollten ganz regulär ausreisen – mit gefälschten Papieren. Doch wie ließen sich solche Papiere beschaffen? Wen konnte man fragen, wem trauen? Sollte es mir am Ende möglich sein, sie selbst zu fälschen?

War es denn so einfach, Pässe zu fälschen? Oder überhaupt möglich? Letztlich vielleicht schon: Vor nicht allzu langer Zeit hatte ich einen Abenteuer- und Spionageroman von Johannes Mario Simmel gelesen: »Es muss nicht immer Kaviar sein«. Ich entsann mich, dass dort ein ganzes Kapitel davon handelte, wie man Pässe so ändert, dass sie erfolgreich von anderen Personen benutzt werden können. Erster Schritt also: noch mal bei Simmel nachlesen. Erste Enttäuschung: Was mir bei flüssiger Lektüre als spannendes Expertenwissen erschienen war, erwies sich bei genauerem Studium als wenig hilfreich: »Ich habe einen ganz Schrank voll Stempel. Größte Sammlung Europas wahrscheinlich«, wird Thomas Lieven, Geheimagent wider Willen und Held von Simmels Roman an der für mich entscheidenden Stelle vom Meisterfälscher beschieden. Genauer beschrieben war allerdings die Methode, wie sich ein Foto aus einem Pass herauslösen ließ. Auch damit würde ich mich beschäftigen müssen. Aber einen Schrank voller Stempel besaß ich nun mal nicht …

Nicht ob, nur wie. Und auf jeden Fall: selbst. Das heißt auch: allein. Je weniger Menschen davon wussten, umso besser. Umso weniger Gequatsche. Umso sicherer.

Vor allem aber auch: je weniger Ängste und Sorgen, desto weniger Nervenbelastung. »Das Leben aufs Spiel setzen«, hatte Thomas geschrieben. Nein, das würde ich nicht tun. Aber die Freiheit riskieren – das mussten wir wohl alle. Alle, die ich ins Vertrauen gezogen hätte, hätten sich gesorgt, ohne wirklich helfen zu können. Also: Niemandem davon erzählen.

Aber: Ganz allein würde ich es nicht schaffen. Doch an wen konnte ich mich wenden? An Burkhard, meinen Bruder? Der war durch sein Studium und zahlreiche Aktivitäten absorbiert, und unser Verhältnis war eben nicht ganz einfach. Oft hatten wir uns als Kinder gestritten. Die Zeit im Internat, wo jeder seiner eigenen Wege gegangen war, hatte den Gegensatz zwar gemildert, aber Nähe wuchs erst langsam. Andererseits waren genau im Internat intensive Freundschaften entstanden. Im täglichen Zusammenleben auf dem Zimmer hatten wir uns sehr genau kennengelernt und wussten, woran wir waren. Also: Wozu hat man Freunde?! KaGe. KaGe musste helfen. Wo mochte er stecken? Wir mussten uns treffen.

Mein Vorhaben zu verbergen, fiel mir nicht schwer. Noch beanspruchte es meine Zeit nicht besonders. Kopfarbeit. Nachdenken, planen, das politische Geschehen noch aufmerksamer und mit anderem Blick verfolgen. Und basteln, was mir immer schon Spaß gemacht hatte: genau und detailliert, präzise und mit viel Geduld. Vom Spiel zum Ernst.

Mein Leben lief normal weiter. Die Eltern ließen mich, ja unterstützten meine Pläne für die nächsten Monate: Eine große Reise vor dem Studium? Die beste Gelegenheit für eine Auszeit! Du weißt nicht, welches Studium? Die Reise wird Dir helfen, Dich zu entscheiden. Sozialarbeit? Eine prima Idee. Eine wichtige Erfahrung, und Du kannst Dir etwas Geld verdienen.

Ich würde Geld brauchen in der nächsten Zeit, eine ganze Menge Geld. Die Flucht würde kosten.

Die folgenden Wochen vergingen wie im Fluge. Ich besuchte Freunde, bereitete meine Reise nach Neuseeland vor und schaute mich wegen des Sozialpraktikums um. Und ich begann, mit Farben und Stempeln zu experimentieren.

Erste Versuche, erste Misserfolge. »Du kannst jeden Stempel mit 'nem heißen, hartgekochten Ei fälschen« war in Schülerkreisen immer wieder mit gewichtiger Miene behauptet worden. Oft erzählt, nie geprüft. Jedenfalls nicht an Pässen … Einen Stempel so einfach hier abzunehmen und dort abzudrucken, das erwies sich rasch als Ammenmärchen. Der Abdruck übertrug sich bestenfalls blass auf das Eiweiß und schon gar nicht auf eine andere Unterlage. Also den Ursprungsstempel einfärben. Oder auf dem Ei nachbessern. Vielleicht mit besserer Farbe. Stempelfarbe besorgen. Noch ein Versuch. Nachmalen. Alles nichts. Nein, mit einer solchen Fälschung hätte man nicht mal einen Bademeister im Freibad beeindrucken können. Neuer Versuch: Linolschnitt. Taugt nicht. Präzise Linien lassen sich schneiden, nicht aber die Vielzahl feiner Details, die ein durchschnittlicher Stempel aufweist. Kartoffeldruck: scheidet sofort aus. Zu grob, die Ungenauigkeiten sieht ein Blinder. Abnahme des Originalstempels mit einer heißen Kartoffel: kalter Kaffee, schlechter als hartgekochtes Ei.

Während ich meine Überlegungen und Planungen vorantrieb und erste Experimente vornahm, floss der Strom der Zeitungsberichte über gescheiterte Fluchtversuche und vereitelte Fluchthilfe immer weiter.

»Süddeutsche Zeitung«, Montag, 22. Oktober 1973

Wieder vier Festnahmen auf den Transitstrecken nach Berlin

Freitag, 26. Oktober 1973

West-Berliner in der DDR zu sieben Jahren Haft verurteilt

Wegen »staatsfeindlichen Menschenhandels« hat das Ost-Berliner Stadtgericht eine Freiheitsstrafe von siebeneinhalb Jahren über den West-Berliner Kurt Eschke verhängt … Eschke habe »im Auftrag von kriminellen Menschenhändlerbanden« gehandelt …

Montag, 29. Oktober 1973

Vier Fluchthelfer in der DDR zu mehrjähriger Haftstrafe verurteilt.

Dienstag, 30. Oktober 1973

Wegen angeblichen Missbrauchs des Transitabkommens sind erneut zwei West-Berliner von den DDR-Behörden verhaftet worden.

Mittwoch, 31. Oktober 1973

Angeklagt: drei Fluchthelfer – und Bonn.

Die DDR gibt einem Prozess besondere Publizität, um die eigenen Bürger abzuschrecken und eine Forderung an die Bundesregierung zu erneuern.

… Mit der gemeinsamen Zurschaustellung der drei Angeklagten, die für verschiedene Organisationen gearbeitet haben sollen, deckt die DDR so ziemlich alle Fluchtmöglichkeiten auf, die sich gegenwärtig – mit Hilfe Dritter – bieten …

Solche Berichte beunruhigten mich, bestärkten mich aber vor allem in meinem Vorsatz, keinerlei vermeidbare Risiken einzugehen. Beirren lassen wollte ich mich davon nicht.

Bald war es drei Monate her, dass Thomas mir geschrieben hatte. Unverändert ging ich davon aus, dass Margret Schaller den Kontakt zu ihm hielt. Sie aber nahm an, dass wir nun direkt korrespondierten. So fiel ich aus allen Wolken, als mich Anfang November ein Brief von Thomas erreichte. Das heißt, ein Brief von Sibylle Neumann. Sibylle Neumann? Eine westdeutsche Cousine von Thomas, wie sich zeigte, die ihn besucht und der er einen Brief an mich mitgegeben hatte.

Meine große Hoffnung!
»Ohne Fleiß kein Preis«, deswegen lass ich nicht locker. Mein Anliegen liegt Dir wohl sehr schwer im Magen. Hoffentlich nicht ebenso wie mir. Warum hilfst Du mir nicht, wenigstens hättest Du mal nicht zweckgebunden schreiben können, und so allgemein antworten können. Auch eine strikte Absage hätte mich erfreut, wenn sie aufrichtig wäre. Aber diese Ungewissheit ist wie eine Feuerpause im Krieg …
Ich weiß, dass ich in Eurem Staat eine Enttäuschung erleben kann, ich will, beziehungsweise muss es trotzdem tun. Obwohl es uns hier lebensstandardmäßig bestens geht. Auch würden wir Euch nicht auf dem Geldbeutel liegen. Bitte schreib mir Deine Gedanken – nicht allzu offen, da unser Staat kein Postgeheimnis kennt. Hoffentlich enttäuschst Du mich nicht …

Erst jetzt wurde mir die ganze Not deutlich, in der Thomas steckte. Und mir wurde klar: Er gab sich keinen Illusionen über die Schwierigkeiten hin, die ihn möglicherweise bei uns erwarteten. Ich hätte es mir gleich denken können: So naiv, bloß vom »goldenen Westen« zu träumen, war er nicht.

Klar war nun auch: Wir mussten direkt korrespondieren. Das aber hieß: äußerste Vorsicht. Also: in den Brief ein paar kritische Floskeln einstreuen über den »großen Bruder« USA und die Verhältnisse bei uns im Allgemeinen. Hätte mir sonst eher fern gelegen. Genauso wie die Verwendung des Kürzels »BRD«. Fluchtpläne? Wer denkt denn an so was! Aber über Reisen zum Zweck der Völkerverständigung wird man ja mal nachdenken können … Umgehend antwortete ich Thomas.

Schwäbisch Gmünd, 8. November 1973

Lieber Thomas!

Für Deine beiden letzten Brief danke ich Dir sehr, sehr herzlich; über Deine aufschlussreichen Berichte und Gedanken habe ich mich sehr gefreut! Dass Du auf Deinen ersten, so interessanten Brief keine Antworten erhieltst, ist ein echtes Missverständnis, denn ich nahm an, Du hättest über Tante Margret, der ich schrieb, von mir gehört. Aber so will ich Dir nun selber schreiben.

Erst seit einem Monat bin ich nun wieder in der BRD, da ich nach meinem Abitur über drei Monate Kanada, die USA und Nordmexiko besuchte, eine im positiven wie im negativen aufschlussreiche und hochinteressante Reise, besonders, da unser »großer Bruder« von uns so verschieden ist. …

Ich glaube, dass ein wichtiges Moment für die Verständigung der Völker untereinander das Kennen der anderen, ihrer Mentalität, Lebensweise, Heimat, etc. ist. So plane ich auch für das nächste Jahr eine Reise mit zwei Freunden. Diesmal soll es nach Osteuropa gehen, eventuell nach Rumänien, wahrscheinlicher nach Jugoslawien, denn dieses Land hat, so habe ich es auf anderen Reisen kennen gelernt, viel Interessantes und viele Vorteile. Um es eine wirklich effektive Reise werden zu lassen, wollen wir mit eigenem

Auto fahren, was sehr billig ist und man ist somit auch unabhängig. Immer wieder interessant sind auch Anhalter, also Jugendliche, die per Autostopp durch die Welt reisen und die aus aller Herren Länder stammen. Sie sind oft dort unten anzutreffen und haben immer viel zu erzählen und ich nehme sie deshalb häufig und gerne mit.

Im Moment bin ich zu Hause in Schwäbisch Gmünd, wo ich eine Arbeitsstelle zu finden versuche. Ich will nämlich nicht jetzt gleich mit dem Studium beginnen, sondern zunächst eine Zeit lang eine soziale Arbeit leisten, um Erfahrungen zu sammeln. So kann ich meine Reisepläne finanzieren, von denen ich immer viele habe, … Heutzutage ist das Reisen ja für junge Menschen bei uns auch nicht außergewöhnlich teuer und zudem auch einfach; mit meinem Pass kann ich in praktisch jedes Land der Welt.

Aber unser System besteht nicht nur aus Vorteilen, es gibt auch bei uns viele Missstände, es ist mit anderen Worten nicht alles Gold, was glänzt. Aber im Großen und Ganzen möchte ich in keinem anderen Land der Welt leben …

Dir geht es hoffentlich gut, was machst Du eigentlich im Moment? Dass Du einen so netten Freundeskreis hast, freut mich sehr, ein guter Freund ist manchmal unbezahlbar. Wie geht es Deiner Familie? Allen Umständen entsprechend hoffentlich gut, bitte grüße sie sehr von mir. Wenn Du bald wieder von Dir hören ließest, würde mich das sehr freuen.

In aufrichtiger Treue bin ich stets Dein Vetter Rüdiger

Ich musste nicht lange auf Antwort warten.

Neuoberhaus, 24. November 1973

Mein lieber Vetter!

Man soll doch nie seine Hoffnung aufgeben! Ich danke Dir für Deinen letzten Brief mit dem für mich bzw. uns so wertvollen Reisebericht. Obwohl bei uns das Reisen keine Freude ist, denn viele Steine verlegen den Weg, selbst in das sozialistische Ausland. Trotzdem fahre ich kommendes Jahr mit zwei Freunden zum Balkan. Wir wählen zwischen Rumänien und Bulgarien. Die Zeit ist noch nicht festgemacht, uns bleibt aber nur der Juli oder August. Ab September können wir nicht mehr ins Ausland, da wir Ende Oktober eingezogen werden. Zur Not können wir auch schon eher fahren, da muss ich mich nach meinen Freunden richten. Übrigens schulde ich dir doch noch viel, mach beim nächsten Brief mal Vorschläge, wie ich es begleichen darf.

In Neuoberhaus liegt schon seit zwei Wochen Schnee, wir planen und führen auch zahlreiche Ski- und ohne Ski-Ausflüge in die nahe CSR durch. Der Grenzübergang Oberwiesenthal liegt 20 Kilometer von Neuoberhaus, obwohl die Grenze nur 250 Meter von Neuoberhaus in südlicher Richtung liegt. Verbietet Euch das Sonntagsfahrverbot auch Fahrten in das sozialistische Ausland, zum Beispiel in Eure benachbarte CSR? Wenn nicht, könnten wir uns doch dort mal treffen, Reisespesen selbstverständlich ersetzt. … Diese Reise in die CSR soll aber neben der nach Rumänien oder Bulgarien laufen. Ich bin jetzt bis zum 16. Dezember in Neuoberhaus, mir wäre es dann samstags oder sonntags möglich, Ausflüge zu machen.

Dann erst wieder ab 3. Januar 1974, denn die Zwischenzeit bin ich in Bad Blankenburg. Was hältst du von solchen Ausflügen?
Mir geht es so weit gut, bloß die nervliche Belastung macht sich in der Schule stark bemerkbar. Du wirst dich in unsere Lage versetzen können. Wir wollen alles schnell hinter uns haben!!

…

Dein dankbarer Thomas

6
Freundschaft

Immer wieder standen Berichte über Flucht und Fluchthilfe in der Zeitung. Wurde es mehr? Las ich die Zeitung plötzlich anders?

14. November: ein im Ausbau der Grenze eingesetzter Bauarbeiter flieht in den Westen / Vier Jahre Haft für Fluchthelfer in Ost-Berlin
17. November: drei Jahre und vier Jahre Haft für zwei Fluchthelfer
19. November: Festnahme eines Mannes, der in Berlin über die Grenzanlagen in den Westen klettern will.

Und dazwischen immer wieder deutsch-deutsche Politik:

15. Oktober: Die DDR kündigt an, zum 1. Januar 1974 ein eigenes Nationalitätenkennzeichnen für ihre Kraftfahrzeuge einzuführen – »DDR«
25. Oktober: Bundespräsident Heinemann weist in einer Rede darauf hin, dass der nationale Einheitsstaat der Deutschen weder ein Idealfall noch ein Normalfall gewesen sei … Einheit und Freiheit bedingten einander leider nicht. Einheit sei auch kein Wert an sich.
21. November: Staats- und Parteichef Erich Honecker unterstreicht, dass von Annäherung der beiden deutschen Staaten

keine Rede sein könne. Was sich vollziehe, sei eine »fortschreitende Abgrenzung, eine stete Vertiefung des gesellschaftlichen Gegensatzes und des historischen Abstandes zwischen der DDR und der BRD«.
22. November: DDR-Pioniere beginnen im Kreis Wolfenbüttel entlang der Grenze Minen zu verlegen.
28. November: Egon Bahr, Bundesminister für besondere Aufgaben und wichtigster Berater Willy Brandts in der Ost- und Deutschlandpolitik, ist der Auffassung, die deutsche Frage sei ebenso wie die Berliner auf nationaler Ebene nicht mehr zu lösen. »Die deutsche Frage ist ein Teil der europäischen Spaltung geworden und wird nicht ohne Lösung der europäischen Frage gelöst werden können.«

Dienstag, 4. Dezember 1973. Fast die ganze Klasse war nach Freiburg gekommen, das erste Mal trafen wir uns wieder, fast auf den Tag ein halbes Jahr nach dem Abitur. In Dieters Studentenbude hatten wir uns verabredet. Die Stimmung war trostlos, Wiedersehensfreude kam nicht auf. Gemeinsam würden wir nach Bollschweil fahren und Philipp beerdigen, unseren Klassenkameraden. 19 war er geworden, und schrecklich gequält hatte er sich noch, nach dem Unfall auf der Autobahn. Am Grab Soldaten, ein Offizier spricht – »während des Wehrdienstes verunglückt«. Eine unwirkliche Szenerie. Philipp war einer der wenigen, die zur Bundeswehr gegangen waren, die meisten Jungen hatten verweigert. Lange Abende wurde im Internat darüber diskutiert, ob man verweigern sollte und welche Argumente und Strategien dabei am besten funktionierten. Und: wie die Prüfungskommission einen dann in die Mangel nehmen würde. Jeder konnte eine mehr oder weniger haarsträubende Geschichte dazu beisteuern. War angeblich jemandem passiert, der mit einem Vetter von einem Freund zusammen gemustert worden war, oder so. Garantiert. Ganz dumm gelaufen.

Und nun standen sie sich auf dem Friedhof von Bollschweil gegenüber: die Soldaten, in ihren Uniformen, die Haare kurz geschnitten, und die Klassenkameraden, manche mit langer »Mähne« und in zotteligen Hippiemänteln. In unsere Trauer mischten sich Wut und Trotz. Am Grab die Schriftstellerin Marie-Luise Kaschnitz, Philipps Tante. Sie würde eines ihrer letzten Gedichte auf ihn schreiben, voller Schmerz und auf der Höhe ihrer dichterischen Kraft. Auf Philipp, der wie sie begonnen hatte, Gedichte zu schreiben – Verse, die unser Lebensgefühl so gut wiedergaben, Philipps Verse:

Sterbe und lebe
Lebe im Tod
Welten der Träume Sehnsucht nach Sein
Stirbst Du als Träumer
Stirbst Du geborgen
Erde zu Geist
Blumen aus Stein

Auch KaGe war gekommen. Ich nahm ihn zur Seite. »Sag mal, wollen wir nicht mal wieder ein richtiges Ding drehen?«

»Ein Ding drehen« – im Internatsjargon stand das für: »nachts in die Speisekammer einsteigen«, »Luftballons an der

Turmuhr befestigen«, »ein nächtlicher Überraschungsbesuch im Nachbarinternat«… Doch dieses Mal waren die Ausmaße größer, stand ganz anderes auf dem Spiel.

KaGe war dennoch sofort Feuer und Flamme. Steuerte aus reicher Reiseerfahrung erste Einschätzungen und Kenntnisse bei. Wie das so sei, mit Grenzen und Visa, mit Stempeln und Kontrollen. Wie das ablaufe, in Häfen und an Flughäfen. »KaGe, Du musst vielleicht dann den Kontakt halten. Die Briefe zwischen Thomas und mir, das kann auf Dauer nicht gut gehen. Ich halt' Dich auf dem Laufenden.« KaGe sollte sich als idealer Partner erweisen. Ein »stilles Wasser«. Freundlich, unauffällig und scheinbar völlig unschuldig. Keiner der Erwachsenen im Internat wäre auf die Idee gekommen, dass ausgerechnet er im Nachbardorf einen VW-Käfer stehen hatte, mit dem wir am Wochenende gelegentlich Spritztouren unternahmen. KaGe: zuverlässig, nervenstark und belastbar. Und immer noch einen Spruch auf Lager.

»Ein Ding drehen«. Das würde immer mitschwingen. Es »denen« zeigen. Die Lust am großen Streich. Also: Locker bleiben, distanziert, lässig. Nur: Diesmal würde es ernst werden. Es war gut, dass wir nicht ahnten, wie ernst es werden sollte.

Das Sozialpraktikum, das ich mir inzwischen organisiert hatte, sollte Anfang Januar beginnen. Doch auch dort würde ich nicht viel Geld verdienen. Also suchte ich mir, bis ich dort anfangen konnte, einen gut bezahlten Job. Autohändler Schmerle aus Schwäbisch Gmünd hatte ein Fertighaus geordert, mit festem Abnahmetermin, und nun hatte die Baufirma, die den Keller fertigstellen sollte, Pleite gemacht. Statt eine andere Firma zu beauftragen, stellte Schmerle sich in Eigenregie eine Bautruppe zusammen – eine teure Ersparnis. Ich war ja durchaus willig und legte gerne mit Hand an – aber wie ein Drainagerohr genau zu verlegen sei, konnte auch ich nur mutmaßen. Die »erfahrenen Kollegen« wussten es auch nicht besser, ganz zu schweigen von Herrn Schmerle selbst. Bauarbeiten Mitte Dezember, aber gut bezahlt.

15./16. Dezember 1973. »Autofreies Wochenende«. In der Folge des israelisch-arabischen »Jom-Kippur-Krieges« vom Oktober hatten die arabischen Förderstaaten erstmals ihre Öl-Vorkommen als politisches Druckmittel eingesetzt. Sie drosselten die Ölversorgung der westlichen Industriestaaten, und die folgende Ölkrise zwang auch die Bundesregierung zu drastischen Maßnahmen wie eben jenen »Sonntagsfahrverboten«, die Thomas in seinem letzten Brief erwähnt hatte.

Den Freunden vom »trefff 2« war es gleich, sie reisten mit dem Zug an. Auf dem Bahnhof holte ich sie ab. Im November war ich zu der Gruppe gestoßen und sie gefiel mir. Ein loser Zusammenschluss Gleichaltriger aus dem Stuttgarter Raum, die sich einmal im Monat zu gemeinsamen Unternehmungen trafen: Party, Theaterbesuch und Kunstausstellung oder einfach Abende zum Reden und Tanzen – zum »Quatschen und Schwoofen«, wie es damals hieß. »trefff 2« – Treffen an jedem zweiten Freitag des Monats. Was machen wir nächstes Mal, hatte es im November geheißen. Ich wusste, dass die Gastfreundschaft und Großzügigkeit meiner Eltern ein stehendes Angebot bedeutete, also schlug ich vor: Ihr kommt zu einem Tanz-Wochenende zu uns. Wenn Ihr Schlafsäcke mitbringt, könnt Ihr alle bei uns übernachten. 15, 20 Leute kriegen wir unter.

Auf dem Bahnhof einige bekannte Gesichter, einige neue. Unter ihnen Huberta. Nein, Liebe auf den ersten Blick war es nicht – aber vielleicht doch Liebe auf ihr erstes Lachen hin, das so von Herzen kam, ein Lachen, wie ich es noch nie gehört hatte. »Aus dem Bauch heraus«, würde Huberta später sagen. Was begann, war eine Liebesgeschichte, die kein Ende haben sollte. Das konnten wir beide nicht ahnen. Und hätte man es uns gesagt, wäre es uns wohl peinlich gewesen – schließlich waren wir doch erst 19 Jahre alt. So sahen wir uns zunächst nur einmal im Monat – beim »trefff 2«. Bald schrieben wir uns – und als die Sache mit Tom, wie wir unser Vorhaben unter uns nannten, im Sommer darauf ihrem schwierigen Höhepunkt zustrebte, war Huberta für mich wichtiger geworden als irgendjemand sonst.

Wieder berichtete die »Süddeutsche Zeitung« über Urteile gegen Flüchtlinge und Fluchthelfer. »Die SED ist zur Zeit bemüht, westlichen Berichten über geglückte Fluchtunternehmen durch groß angelegte Propagandaaktionen entgegenzuwirken«, kommentierte sie am 1. Dezember. »In einer auffallenden Anhäufung von Meldungen über gestoppte ›Grenzdurchbrüche‹ soll offenbar fluchtwilligen DDR-Bürgern der Mut genommen werden, die DDR illegal zu verlassen. Fast täglich finden sich neuerdings in den DDR-Zeitungen Notizen über Prozesse gegen Fluchthelfer, die mit rigorosen Strafen endeten.«

Wohin die Reise in der DDR ging, zeigte der Entwurf des neuen Jugendgesetzes, über den die Medien Anfang Dezember berichteten: »Aufgabe jedes jungen Menschen in der DDR ist es künftig auch, durch regelmäßige sportliche Betätigung zu seiner Persönlichkeitsentwicklung beizutragen. Darüber hinaus sollen wehrsportliche Wettstreite stattfinden, wie überhaupt es ›Ehrenpflicht‹ der Jugend ist, zur Verteidigung des ›sozialistischen Vaterlandes und der sozialistischen Staatengemeinschaft‹ beizutragen.«

Schritt für Schritt baute die Bundesregierung unterdessen ihr Netz ostpolitischer Beziehungen aus. Am 11. Dezember unterzeichneten Bundeskanzler Brandt und Ministerpräsident Strougal in Prag den deutsch-tschechoslowakischen Vertrag. Die beiden Länder nahmen diplomatische Beziehungen auf. Die Tschechoslowakei war damit nach der Sowjetunion, Polen und der DDR der vierte osteuropäische Staat, mit dem die Bundesrepublik ihre Beziehungen normalisierte. Wirtschaftsminister Friderichs reiste nach Warschau, auch in Ungarn und Bulgarien wurden im Dezember hochrangige Gespräche aufgenommen.

Und gleichzeitig, Tag für Tag: 10 Jahre für Fluchthilfe in Frankfurt an der Oder, 11 Jahre in Berlin. Am Berliner Grenzkontrollpunkt Staaken scheitert ein Fluchtversuch. Das Lübecker Hauptzollamt-Ost teilt mit, dass die DDR die Grenze weiter abriegelt. Der Metallgitterzaun mit Hundelaufanlagen und Minensperren ist nach Osten hin durch einen zusätzlichen Zaun ergänzt worden, der aus Metallgittern und Stacheldraht besteht. Er ist mit elektrisch auszulösenden Signalpatronen ausgerüstet und an Signalmasten angeschlossen. Bei Berührung leuchten Lichtsignale auf und es ertönen Signalhörner.

7
Abschiedsbrief

28. Dezember 1973. Mein 20. Geburtstag. Noch war ich nach dem Gesetz nicht erwachsen. Dafür musste man 21 sein. Erst im März 1974 beschloss der Deutsche Bundestag, dass alle Bundesbürger bereits vom vollendeten 18. Lebensjahr an als volljährig gelten sollten. Die neue Regelung würde am 1. Januar 1975 in Kraft treten – vier Tage nach meinem 21. Geburtstag …

Jahresbeginn 1974. Mit dem bislang aufwändigsten Silvesterfeuerwerk hatten die Deutschen das neue Jahr begrüßt – Raketen und Knallkörper im Wert von 100 Millionen DM gingen in die Luft. Seit dem 1. Januar galt die Pflicht, in Autos Sicherheitsgurte einzubauen. In Biblis nahm im Januar das größte Atomkraftwerk der Welt seinen Probebetrieb auf. Die Bundesregierung beriet über die Einrichtung eines Umweltbundesamtes, der Bundestag verabschiedete ein »Gesetz zum Schutz vor schädlichen Umwelteinwirkungen durch Luftverunreinigungen, Geräusche, Erschütterungen und ähnliche Vorgänge«. Die Familienserie »Ein Herz und eine Seele« um den Familienvater »Ekel Alfred« Tetzlaff teilte die Fernsehnation in Kritiker (»ordinär«) und Befürworter (»genau so sind die deutschen Spießer«). Staunen, Begeisterung und mancher Orten Hysterie löste der israelische Unterhaltungskünstler Uri Geller aus, der in der live übertragenen Fernsehshow »3 mal 9« scheinbar durch einfaches Berühren und Gedankenübertragung Gabeln verbog und defekte Uhren wieder in Gang setzte. Die Jungsozialisten in der SPD wählten die spätere Bundesministerin Heidemarie Wieczorek-Zeul zu ihrer Vorsitzenden. Die Gewerkschaften im öffentlichen Dienst forderten 15 Prozent mehr Lohn und Gehalt, es folgten die härtesten Tarifauseinandersetzungen in der Geschichte der Bundesrepublik. Die Bundesregierung protestierte gegen scharfe Kontrollen auf den DDR-Transitstrecken von und nach West-Berlin. Um Energie zu sparen, wurde in Großbritannien die »Drei-Tage-Arbeitswoche« eingeführt, in Holland und Schweden das Benzin rationiert. Die Bundesregierung beschloss hingegen, kein weiteres Sonntagsfahrverbot anzuordnen, da sich die Lage auf dem Mineralölmarkt weitgehend normalisiert hatte. In Frankfurt wurde die erste Finalrunde für die Fußballweltmeisterschaft ausgelost, die 1974 in Deutschland stattfinden würde: die Mannschaft der Bundesrepublik Deutschland würde gegen jene Chiles, Australiens und der DDR antreten. Zum ersten Mal würde es zu einer deutsch-deutschen Begegnung in jener Sportart kommen, die sich auf beiden Seiten des Eisernen Vorhangs unverändert der größten Popularität erfreute.

6450 DDR-Bürger hatten 1973 die Flucht ergriffen, meldeten die Medien in ihren Jahresrückblicken: 16 Prozent mehr als im Vorjahr. Am 5. Januar wurde am Checkpoint Charlie, dem Berliner Grenzübergang für Alliierte, ein DDR-Grenzsoldat niedergeschossen, als er versuchte, mit einem Offizier als Geisel in den Westen zu fliehen. Das Bundesministerium für innerdeutsche Beziehungen warnte zu Jahresbeginn zahlreiche gewerbliche Fluchthelfer und Fluchthelferorganisationen schriftlich vor Verstößen gegen das Transitabkommen. Die Namen der Fluchthelfer waren der Bundesregierung von der DDR mitgeteilt worden. In Ost-Berlin wurde der Bundesbürger Josef Huber zu acht Jahren Freiheitsstrafe wegen Fluchthilfe verurteilt. Ihm wurde vorgeworfen, »im Auftrag von kriminellen Menschenhändlerbanden und zum Zwecke der Ausschleusung von DDR-Bürgern fortgesetzt die Souveränität sozialistischer Staaten« verletzt zu haben. Mit Margot Neidhardt wurde zum ersten Mal eine Frau wegen Fluchthilfe verurteilt – zu acht Jahren Freiheitsentzug. Wenige Tage später meldeten die Medien drei weitere Urteile: fünfzehneinhalb und sieben Jahre Haft. In der Begründung hieß es häufig, dass »die Souveränität sozialistischer Staaten verletzt« worden sei – offenkundig ein Hinweis auf gescheiterte Fluchtversuche über andere Länder des Warschauer Paktes.

In den ersten Januartagen begann ich, als Praktikant in der »Hangweide« zu arbeiten, einer Zweigeinrichtung für Menschen mit schwerer und schwerster Behinderung der »Anstalt Stetten«, wie die »Diakonie Stetten« damals noch hieß. Betreuung von Menschen mit Behinderung seit 1847, eine große evangelische Einrichtung, 30 Kilometer von Schwäbisch Gmünd entfernt, im oberen Remstal gelegen. Zu Beginn ein Einführungkurs; medizinische und psychologische Grundbegriffe, Hinweise zur Pflege, ein wenig Geschichte und evangelisches Selbstverständnis der Anstalt. Mit mir begann eine Gruppe Gleichaltriger: Zivildienstleistende, junge Frauen und Männer, die den Beruf praktisch erlernen oder später im Studium vertiefen wollten, oder, wie ich, einfach nur »Sozialpraktikanten« waren. Auf der Hangweide wurde ich dem »Lutz-Haus« zugewiesen, in dem vier Männergruppen untergebracht waren. Im obersten Stockwerk bezog ich ein einfaches Zimmer. In den Gruppen wurde ich abwechselnd als »Springer« eingesetzt – erst zur Unterstützung des jeweiligen Betreuers, später auch allein. Wieder hieß es, lernen: nicht nur, wie mit den einzelnen Behinderten umzugehen war, sondern auch, wie aus Sicht der Betreuer ein schwäbischer Haushalt ordnungsgemäß zu führen war: beim Wechseln der Bettwäsche die Überzüge wenden und die Ecken ausbürsten, damit sie nicht durchstoßen, jeden Abend die ganze Gruppenwohnung putzen und wischen, alle Küchenutensilien nicht nur an die gleiche Stelle, sondern auch im exakten Winkel zueinander aufräumen. Nicht mit allen Behinderten war ein Gespräch möglich, aber auch dort, wo dies der Fall war, gab es teils einfachste Verständigungsprobleme: »Wie hoisch'n Du? – Riediger? Ankel Riediger? Des henn i no nie g'hert!« Auch daran musste ich mich gewöhnen: die Betreuerinnen und Betreuer wurden »Tante« und »Onkel« genannt.

Erst vor wenigen Jahren waren wir nach Schwaben gezogen. Auf unserem Weg durch die Bundesrepublik war unsere Familie 1966 in Schwäbisch Gmünd angekommen. Die Eingewöhnung war mir nicht leicht gefallen: das großstädtische Leben in Düsseldorf, wo wir bis dahin gelebt hatten und wo ich durchaus schon allein hatte losziehen dürfen – Fußballspiel, Karnevalsumzug, Autogrammstunde von Schlagerstars im neu errichteten Kaufhaus »Horten« –, unterschied sich doch sehr von der geordneten Übersichtlichkeit des ländlichen Süddeutschland. Den breiten Dialekt meiner Klassenkameraden verstand ich nicht. Ich war Anhänger von »Fortuna Düsseldorf« – sie des »VfB Stuttgart«, Fragen, die bei Zwölfjährigen eine entscheidende Rolle spielen. Doch die Zeit hatte die Wunden des Umzugs geheilt – in der Klasse ergaben sich Freundschaften, gemeinsam gingen wir in den Sportverein, zur Konfirmation und auf sonntägliche Ausflüge mit den Mädchen vom Nachbargymnasium. Die Besonderheiten der schwäbischen Art, die mich zunächst befremdet hatten, wurden mir vertraut, die nasal gesprochenen Vokale des Ostalb-Schwäbisch lernte ich von anderen Klangfärbungen des Dialektes zu unterscheiden und den landschaftlichen Reizen des Remstals, über dem die Höhen der Ostalb aufsteigen, konnte ich mich genauso wenig entziehen wie der mittelalterlich geprägten Schönheit der alten Stauferstadt Schwäbisch Gmünd. »Schwäbische Provinz« – diese hingeworfene Abwertung meines Deutschlehrers, den es von der Auslandsschule in Spanien zu uns hin verschlagen hatte und die in der Elternschaft eine Welle der Empörung auslöste, wurde für mich mehr und mehr zum Inbegriff bewahrenswerter Besonderheit. Doch es waren erst die Monate in der Hangweide und die Freundschaft zu Huberta, die eine tiefe Verbundenheit entstehen ließen zu einer Landschaft, die mir schließlich zur Heimat wurde, und zu ihren Menschen.

Bald nachdem ich auf der Hangweide begonnen hatte, erreichte mich wieder ein Brief von Thomas, dem erstmals auch ein Schreiben seiner Freunde beilag:

Neuoberhaus, 18. Januar 1974

Mein lieber Rüdiger!

… Von meinen Freunden, welche wie Du und ich hervorragende Mineralkenner sind, hast du ja schon gehört. Um nun besseren Kontakt mit Dir aufzunehmen, möchten sie Dir auch mal selbst schreiben. Da wir doch bald Minerale tauschen wollen, im Sommer ziehen wir los um Minerale zu finden, hoffen wir in Dir einen Freund gefunden zu haben.

Dein Cousin Thomas

Lieber Rüdiger!

Wie wir von unserem Freund Thomas erfuhren, hast Du ähnliche Interessengebiete wie wir. Unsere Leidenschaft, das Mineralsammeln, ist so stark ausgeprägt, dass wir es uns nicht entgehen lassen wollen, mit Dir in näheren Kontakt zu treten. Uns beiden ist es leider nicht vergönnt, mit Mineralsammlern im westlichen Ausland in Kontakt zu stehen. Wir sind selbstverständlich bereit, für gute Minerale einen entsprechenden Gegenwert zu leisten, sodass Dir hierdurch keine Unkosten entstehen würden. Es würde uns sehr freuen, mit Dir persönliche Verbindung aufzunehmen, um ein wenig zu fachsimpeln.

Da es Dir bestimmt Schwierigkeiten bereiten würde, in die DDR zu kommen, würden wir Dir vorschlagen, uns mit Dir in der ČSSR zu treffen. Der günstigste Termin wäre für uns der Februar, da wir ab März Abiturprüfungen haben. Wir könnten dann aber unser späteres Tauschgeschäft in Vereinbarung bringen und danach die von Dir gewünschten Mineralien besorgen.

Es grüßen Dich, leider noch unbekannter Weise, Deine beiden Sammlerfreunde

Die beiden Briefe kreuzten sich mit einem von mir. Mehr und mehr war mir klar geworden, dass unser Fluchtplan keine Gestalt annehmen konnte, wenn wir ihn nicht einmal ausführlich besprachen. Wir mussten uns also dringend treffen.

17. Januar 1974

Mein lieber Thomas!
... ich bin zur Zeit viel beschäftigt, so zum Beispiel mit den Vorbereitungen meiner nächsten Ferienreise nach Jugoslawien, von der ich Dir, glaube ich, schon schrieb. Seit einigen Tagen habe ich eine Stelle als so genannter Sozialpraktikant hier in einem Heim für geistig behinderte Menschen bei Stuttgart. ... Die Arbeit ist zwar oft sehr anstrengend, macht aber Spaß und unser Heim ist hervorragend mit Therapiemöglichkeiten ausgestattet. Auch habe ich viele freie Tage, jede Woche zwei, an denen ich viel unternehmen kann. So plane ich zum Beispiel das Wochenende 23./24. Februar oder 2./3. März in die ČSSR zu fahren und wollte Dich deshalb bitten, ob Du mir nicht vielleicht, da Du Dich dort doch sicherlich auskennst, einen netten Ort, vielleicht auch ein Hotel oder Ähnliches, sagen könntest. Der Ort sollte Bahnstation haben und überhaupt günstig liegen. So versuche ich, ein bisschen unseren Nachbarstaat kennen zu lernen.

Dir geht es hoffentlich gut und Deine Ausbildung bereitet Dir Freude. Weißt du eigentlich schon genau, wann du fertig sein wirst und zur Fahne musst? … Über eine rasche Antwort würde ich mich sehr freuen.
Herzlichst, stets Dein Rüdiger

Thomas reagierte rasch:

Neuoberhaus 2. Februar 1974

Mein lieber Rüdiger!
Besten Dank für deinen letzten Brief, in dem wieder interessantes und aufschlussreiches zu lesen war. Auch wir kommen hier viel rum, so fahren wir, zu viert, am 2./3. März nach Karlovy Vary, dem ehemaligen Karlsbad. Trotz der ungünstigen Verbindung wollen wir schon 17:25 h in Karlsbad sein. Vom Grenzübergang fahren wir mit dem Bus bis Karlsbad, zurück brauchen wir auch erst am Sonntag 18:20 h ab Karlsbad fahren, sodass es sich doch schon lohnt, mal 'nen kleinen Sonntagsausflug zu unternehmen. Wir haben schon an einige Hotels geschrieben, telefonisch ist es nicht möglich, vier Plätze zu bestellen. Wir hoffen, baldigst Nachricht zu bekommen. …
Es grüßt Dich und Deine Familie Dein Thomas

»Zu viert« würden sie fahren, »vier Plätze bestellen« – der Hinweis war klar: Thomas würde für mich mitbuchen. Das war viel unauffälliger, als wenn wir unter gleichem Namen im gleichen Hotel reservieren würden – einmal aus dem Osten, einmal aus dem Westen.

Deutschland 1974

Nächster Schritt: Ich brauchte ein Visum für die ČSSR. Das war nicht ganz unkompliziert, denn noch unterhielt die Bundesrepublik Deutschland zu ihrem südöstlichen Nachbarland keine diplomatischen Beziehungen. Somit gab es auch keine Botschaften, die Visa ausstellen konnten. Doch in Frankfurt unterhielt die Prager Regierung eine Handelsvertretung. Die musste ich überzeugen, mir eine Einreiseerlaubnis zu erteilen, obwohl ich, entgegen den Vorschriften, in der ČSSR noch keine Unterkunft nachweisen konnte.

10. Februar 1974

An die
Handelsvertretung
der ČSSR in der BRD
6 Frankfurt/Main
Beethoven Str. 7b

Rüdiger v. Fritsch
7053 Rommelshausen
Hangweide

Sehr geehrte Damen und Herren!
Mit der Bitte um Erteilung eines Visums für die ČSSR wende ich mich an Sie. Da ich in meinen Bemühungen, in Karlovy Vary eine Hotelunterkunft zu finden, bislang noch nicht erfolgreich war, habe ich die Sparte über die Adresse der Unterkunft zunächst nicht ausgefüllt, da ich den Antrag abschicken möchte, um Ihnen Zeit für die Bearbeitung meines Visums zu geben …
Mit sehr herzlichem Dank im voraus für Ihre Bemühungen, hochachtungsvoll,
Fritsch

Ich hatte Glück. Gerade noch rechtzeitig kam der Pass mit Visum zurück. In weiteren Briefen hatten wir die nötigen Detailinformationen für unser Treffen abgesprochen:

Neuoberhaus, 11. Februar 1974

Mein lieber Rüdiger!
… Ich finde es gut, dass Du am 2. März in der ČSSR sein willst, um Mineral zu tauschen. Auch, dass Du im Hotel Narodni Dum wohnen willst, ist nicht schlecht. Im Reiseführer fand ich folgende Adresse:
Narodni Dum, 103 Karlovy Vary, Arida CSA 24,
Tel. 4952, 3386
… Ich bin hoffentlich um 20:00 Uhr im Hotel. Es wäre günstig, wenn Du schon bis 18:00 Uhr dort sein könntest, … und somit die von mir reservierten Zimmer rechtzeitig belegst, um einer eventuellen Belegung durch Fremde zuvorzukommen.
Mit besten Grüßen, Dein Thomas

19. Februar 1974

Lieber Thomas!
Für Deinen Brief vom 11. Februar sehr herzlichen Dank. Aller Voraussicht nach wird die geplante Freizeitgestaltung klappen und ich kann endlich einmal intensiv meinem mineralogischen Interesse nachgehen. Da ich schon am 1. März ab 19:00 Uhr frei habe, werde ich rechtzeitig am Zielort sein können, um das Zimmer belegen zu können …
Alles Gute bis zum Narodni Dum, herzlichst Dein Rüdiger

Bisher hatte alles nur auf dem Papier gestanden, schien alles fast noch ein Gedankenspiel: Ein Ding drehen. Über Fluchtrouten und Passfälschungen nachdenken. Basteln und Experimentieren. Nun aber sollte es konkret werden; die Reise in die ČSSR war das erste große Risiko.

Ausgerechnet die ČSSR. Eine besonders dumpfe unter den Diktaturen des sozialistischen Lagers. Ein von der Sowjetunion eingesetztes Regime, dessen Aufgabe es war, jegliche Opposition, ja schon leichte Abweichungen vom vorgegebenen Kurs unbarmherzig zu verfolgen. 1968, nur sechs Jahre zuvor, war Prag ausgeschert, hatte sich die Parteiführung unter Alexander Dubček an vorsichtige Reformen und eine Aufweichung des starren politischen und wirtschaftlichen Systems gewagt. Doch der »Prager Frühling«, im Westen mit einer Mischung aus Sympathie und Sorge verfolgt, war nicht von langer Dauer gewesen. Am 21. August waren Truppen des Warschauer Paktes einmarschiert und hatten die Freiheitsbestrebungen und Hoffnungen der Tschechen und Slowaken brutal unterdrückt. Dubček verschwand zunächst spurlos; schließlich wurden er und seine Mitstreiter durch eine willfährige Führung ersetzt.

Ich hatte jene Augusttage auf einer Jugendfreizeit verbracht. Die Nachrichten aus der ČSSR, vor allem die Bilder fassungsloser und wütender Menschen vor sowjetischen Panzern hatten mich empört. Dies Geschehen einzuordnen, diese Ungerechtigkeit zu empfinden, dazu bedurfte es keiner tiefen politischen Analyse. So hatte ich zum ersten Mal an einer politischen Demonstration teilgenommen – einem Schweigemarsch in Solidarität mit den unterdrückten Tschechen und Slowaken.

Die Entwicklung dort hatte mich nicht mehr losgelassen. Im Januar 1969 hatte sich in Prag der Student Jan Palach verbrannt – ein eindrucksvolles, schreckliches Fanal gegen die Unterdrückung. Und dann die Fernsehbilder vom Frühjahr darauf: In zwei dramatischen Spielen besiegte die ČSSR bei der Eishockey-Weltmeisterschaft in Schweden die für unschlagbar gehaltene UdSSR. »Okupanti, okupanti!« – »Besatzer, Besatzer!« brandete es von den Zuschauerrängen in Stockholm gegen die mehr und mehr entnervten sowjetischen Spieler an.

Nun also ging es zu einem »Besuchswochenende« in die ČSSR …

Was wussten »die« inzwischen? Alle Briefe waren angekommen. Aber waren sie mitgelesen worden? Waren Thomas' und meine Andeutungen zu offen gewesen, unsere Codes zu plump? Wartete man gar auf die Freunde und mich? Auf frischer Tat ertappt … Wie würde das sein, in der ČSSR? Ich fuhr ins Ungewisse, in eine Situation, die sich meiner Kontrolle entzog … Und wenn es schiefging, wenn sie mich verhafteten? Dass »die« zusammenarbeiteten, stand fest. Auslieferung an die DDR, »Beihilfe zur Republikflucht«, Gefängnis. Aber wir mussten uns treffen, unsere Planungen mussten Gestalt annehmen, Routen besprochen und Termine erwogen werden. Und wir mussten uns sehen, kennenlernen, Vertrauen fassen.

Es würde schon gut gehen. Aber, für alle Fälle …

Hangweide, Mittwoch, 27. Februar 1974. Nein, heute Abend mochte ich nicht, wie sonst, mit den anderen Praktikanten und den Zivis nach Dienstschluss zusammenhocken, reden, fernsehen, herumalbern. Ich saß in meinem schmalen Zimmer mit den kahlen Betonwänden und schrieb einen Brief, wieder einmal, wie so oft in der letzten Zeit, wegen Tom und seinen Freunden und ihren Plänen. Einen Brief, von dem ich hoffte, dass er seinen Empfänger nie erreichen würde. Einen Brief an meinen Vater, für alle Fälle. Ich würde den Brief auf meinem Schreibtisch liegen lassen, wo man ihn finden könnte, sollte ich nicht zurückkehren. Über den Text musste ich nicht lange nachdenken:

In der festen Überzeugung, von meiner Unternehmung gesund und zu rechter Zeit wieder zurückzukehren, werde ich am 1. März abends die Hangweide verlassen. Um aber allen Eventualitäten vorzubeugen, dieser Brief, der, sollte Unvorhergesehenes eintreten, erklären soll.
Seit meiner Rückkehr aus den USA weiß ich, dass unser Vetter Thomas Fritsch aus Bad Blankenburg, gemeinsam mit zwei Kameraden die Absicht hegt, im Sommer dieses Jahres zu fliehen. Er bat mich dabei um meine Hilfe, die ich ihm im Rahmen meiner Möglichkeiten uneingeschränkt zugesagt habe. Seit dieser Zeit sind wir in vorsichtigen Briefen mit der Vorbereitung dieser Flucht beschäftigt. Um einmal die gesamte Angelegenheit mündlich besprechen zu können, was sich als unbedingt notwendig erwiesen hat, bin ich am Abend des 1. März in die Tschechoslowakei gefahren, um mich mit Thomas und seinen beiden Kameraden in Karlsbad zu treffen. Übernachtung in Karlsbad im Hotel Narodni Dum …
Bei allen Kontakten und Vorbereitungen waren wir so vorsichtig wie nur irgend möglich. Trotzdem kann ich

natürlich Unvorhergesehenes wie gesagt nicht ausschließen. Bitte verzeiht, dass ich mich nicht bislang mit der ganzen Angelegenheit an irgendein anderes Familienmitglied wandte, was ja nahe gelegen hätte. Das ist kein Ausdruck von Misstrauen, nur fand ich, dass eine nervliche Belastung von so langer Dauer zunächst für einen genug sei. In der nächsten Zeit hätte ich sicherlich Dich oder Burkhard hinzugezogen, da meine Erfahrungen und Überlegungen nicht für die praktische Durchführung ausgereicht hätten. Außer mir gibt es noch zwei Personen, die von dieser Sache wissen. Erstens eine Schulkameradin von Thomas' Mutter, über die ich zum ersten mal von Thomas' Absichten erfuhr: Frau Margret Schaller, … Zweitens mein Freund Klaus Grille, der auch Genaueres weiß …
Alle Unterlagen über die Angelegenheit befinden sich in einem Leitz-Ordner, der auf meinem Pult in der Hangweide liegt, sie sind dort in einem Extraordner (gelber Pappendeckel) unter der Aufschrift »Ferien '74« abgeheftet. Über meine Einstellung, meine Gründe und meine Gedanken zu dieser Sache will ich hier nichts schreiben, dies soll auch kein Abschiedsbrief sein, dazu hat meine Erziehung mir eine viel zu optimistische Grundeinstellung gegeben.
Rüdiger

8
Treffen in Karlsbad

Donnerstagabend, 28. Februar 1974. Alles vorbereiten. Ein wenig Wochenendgepäck in die schwarze Reisetasche. Pass mit Visum, Fahrkarte. Das Wichtigste: Der Fotoapparat. Mein neues Hobby. Vor allem aber: Ich brauchte Bilder der drei, Fotos für die Pässe. Das Zimmer aufräumen, alles ordnen.

Freitag, 1. März 1974. Arbeit auf der Gruppe … Die übliche Routine. Abends zu Fuß zum Bahnhof Rommelshausen. Mit dem Nahverkehrszug nach Schorndorf, wo um 21:40 h der Zug Stuttgart-Prag abfuhr. Nach einer Viertelstunde hielt er, auf der Reise nach Osten, in Schwäbisch Gmünd.

Ein merkwürdiges Gefühl: sonst stieg ich hier immer aus und lief den vertrauten Weg, den Nepperberg hoch, zum Elternhaus … Aber heute fuhr ich weiter, darüber hinaus, allein. Ein Stück Erwachsenwerden? Das letzte, woran ich gedacht hätte. Es schnürte mir einfach nur die Kehle zu, zum ersten Mal, wegen der Sache mit Tom. Gut, dass der Zug endlich weiterfuhr. Durch den Heimatbahnhof fahren und nicht aussteigen können, das war ein wenig wie eingesperrt sein, fand ich …

Kurz vor Mitternacht verließ der Zug Nürnberg. Die Zusammensetzung der Mitreisenden hatte sich geändert. Niemand mehr, der bloß eine Regionalverbindung nutzte.

Am ersten Märzwochenende 1974 reisten wir nach Karlsbad, um den Fluchtplan ausführlich zu besprechen

Es wurde spät. Das Abteil richtete sich auf die Nacht ein und konnte doch nicht schlafen. Wer fuhr schon Anfang März in die ČSSR? Ein palästinensischer Student, der stolz seine Ringe an den Fingern zeigte: alles Gold. Wohl ein paar Ringe mehr als üblich, aber auch nicht zu auffällig. Brautpaare hatten in der ČSSR Schwierigkeiten, Trauringe zu bekommen. Die Marktlücke hatte er entdeckt und finanzierte sich, wie er erzählte, so sein Studium in Deutschland. Intensiver wurde das Gespräch mit dem jungen tschechischen Ehepaar, das mit seiner kleinen Tochter nach Hause fuhr. Die Lebensverhältnisse hier und dort, die ČSSR fünfeinhalb Jahre nach dem »Prager Frühling«. Aus ihrer Sympathie für die Ideen Alexander Dubčeks machten sie keinen Hehl. Schilderungen voller Resignation und Zynismus.

Karlsbad 1974: der vergehende Glanz eines einst mondänen Kurortes

02:56 Uhr in Schirnding, nächtliche Grenz- und Zollkontrollen. Langwierig, umständlich und unergründlich. Das Gefühl, ausgeliefert zu sein. Weiter Richtung Prag, umsteigen in Eger. Am Morgen erreichte ich Karlsbad. Zu Fuß zum Hotel »Narodni Dum«, einem jener vielen großen Bauten, die schon bessere Zeiten gesehen hatten. Abblätternder Glanz eines einst mondänen Kurortes, Wohlstand und Luxus des 19. Jahrhunderts, sozialistisch versiegelt und gleichgültig weitergeschleppt. Der überall gleiche Geruch penetranter Desinfektionsmittel. Abgewetzte Böden aus Kokosfaser oder brüchigem Linoleum mit Perserteppich-Muster. Eine trostlose Hotelrezeption, ein Samstagmorgen ohne Betrieb.

Der Portier, ein älterer, untersetzter Mann mit runder Brille, zeigt sich unterrichtet: »Ja, vier Betten für Fritsch.« Weiches, böhmisches Deutsch. »Ihren Pass bitte.« – »Natürlich, hier, bitte.« Der alte Mann stutzt, zögert. Dann, eher irritiert und leise, denn obrigkeitlich: »Ja aber, das ist doch ein westdeutscher Pass …« – »Ja und?« – »Die Reservierung kam doch aus der DDR.«

So leicht macht man Fehler. Muss der alte Mann jetzt melden? Für wen arbeitet er? Ich werde rot, stottere und tue instinktiv doch das wahrscheinlich einzig Richtige. Während ich noch verworrene Sätze vergeblicher Erklärung stammle, habe ich schon meinen Geldbeutel in der Hand, lege zehn Mark auf den Pass. Ob das wohl eine angemessene Summe ist? Wie viel ist das wert in der ČSSR?

Der Alte blickt verlegen, die Situation scheint ihm unangenehm zu sein. Er lässt mich gar nicht ausreden: »Ja, ja, ich weiß, die Verwandtschaft, die Teilung …« Murmelnd lässt er das Geld verschwinden und legt das Anmeldeformular auf den Tresen, gibt mir den Zimmerschlüssel.

Ein großes Vierbettzimmer, die Einrichtung lieblos zusammengewürfelt, auf das Nötigste beschränkt. Betten und ein Tisch, ein Waschbecken, ein Spiegel. Wer eigentlich kam auf die Idee, vorsätzlich Tapeten mit hässlichem Muster herzustellen? Ich saß auf dem Bett. Und nun? Was würde der Portier tun? War ihm zu trauen? Aber ändern konnte ich jetzt nichts mehr. Entweder es klappte oder es klappte nicht. Abreisen, den Pass zurückverlangen: ausgeschlossen. Also: Hoffen, dass es gut ging. Höchstens: Der Sache noch mal nachhelfen.

Ich ging zur Eingangshalle, wartete einen Moment, bis andere Gäste sie verlassen hatten, steuerte die Rezeption an, diesmal darauf vorbereitet, etwas zu sagen, während ich meinen Schlüssel abgab: »Das ist wirklich sehr nett, dass Sie so viel Verständnis haben!« Der alte Mann lächelte zurück, nahm den Zwanzig-Mark-Schein ohne Zögern entgegen. Verbeugte sich ein wenig, fast liebenswürdig.

Ein Tag Zeit in Karlsbad – unvermittelt, denn auf Besuch und Besichtigung war ich gar nicht eingestellt. Doch die Freunde würden erst abends eintreffen. Eine Stadt voll Vergangenheit, in das milchige Licht einer kalten Spätwintersonne getaucht. Ich streifte durch alte Straßenzüge und Kuranlagen, fotografierte zerfallenden kuk.-Glanz und geschwungene Treppenhäuser. Kaufte Karlsbader Oblaten – köstlich –, und in den Anlagen einen Trinkbecher aus scheußlichem Porzellan. Probierte die heilenden Wässer der Brunnen – einmal reichte …

Ich hatte nicht einmal daran gedacht, etwas zu lesen mitzunehmen und war umso dankbarer, als ich in einem Kiosk eine deutschsprachige Zeitung entdeckte: die »Prager Volkszeitung«, »Das Wochenblatt der deutschen Werktätigen in der ČSSR«. An sich eine bemerkenswerte Tatsache: eine deutschsprachige Zeitung, herausgegeben vom »Zentralausschuss der Nationalen Front der ČSSR« und dem »Kulturverband der Bürger der ČSSR deutscher Nationalität«. Ein wunderbares Blatt. Ich wäre gestraft gewesen, hätte ich es ständig lesen müssen, aber dieses eine Mal ergötzte jeder Artikel. Zur ökonomischen Bilanz des »Rates für gegenseitige Wirtschaftshilfe« für 1973: »Das, was die Ideologen der Bourgeoisie noch gestern als undenkbar, als Utopie ausgaben – die objektive Gesetzmäßigkeit der Entwicklung der Menschheit – wurde durch die mächtige Entfaltung der Produktivkräfte in den sozialistischen Län-

PRAGER VOLKSZEITUNG

DAS WOCHENBLATT DER DEUTSCHEN WERKTÄTIGEN IN DER ČSSR

1. MÄRZ 1974 ● JAHRGANG XXIV. ● KČS 1,50

9

Zwei Wege

Die ökonomische Bilanz des Rates für Gegenseitige Wirtschaftshilfe für das Jahr 1973, die wir in unserer letzten Ausgabe veröffentlichten, und die Meldungen über Inflation, Streiks, zunehmende Arbeitslosigkeit, Kurzarbeit, sowie Energie- und andere Krisenerscheinungen aus den kapitalistischen Ländern, waren der anregende Faktor für diese Betrachtung.

Das, was die Ideologen der Bourgeoisie noch gestern als undenkbar, als Utopie ausgaben — die objektive Gesetzmäßigkeit der Entwicklung der Menschheit — wurde durch die mächtige Entfaltung der Produktivkräfte in den sozialistischen Ländern erneut bestätigt. Ein

»Das Wochenblatt der deutschen Werktätigen in der ČSSR«

dern erneut bestätigt … Die Diskriminations-Politik der kapitalistischen Länder …« Na dann! – Zum 60. Geburtstag der Redakteurin: »Während der Krisenzeit 1968/69 gehörte Genossin Součková zu den wenigen in der Redaktion, die ihren Klassenstandpunkt bewahrten, sich offen zur Freundschaft mit der Sowjetunion bekannten und zur Konsolidierung der Zeitung beitrugen.« – Diese Zeitung ersetzte jede Staatsbürgerkunde …

Als ich gedankenverloren die Promenade entlangschlenderte, wurde ich plötzlich freundlich gegrüßt: Das junge Ehepaar aus dem Zug. Weder mir noch ihnen war so recht klar gewesen, dass wir das gleiche Ziel hatten, als wir uns nachts auf dem Bahnhof von Eger aus den Augen verloren. Das Ehepaar lebte in Karlsbad. Überraschte Wiedersehensfreude, kurzes Gespräch und dann eine Geste ehrlicher Gastfreundschaft, die mich in Not brachte: »Kommen Sie doch mit zu uns!« Es rebellierte in mir, ich wollte keinen Kontakt, keine Verbindung. Die Erlebnisse des Tages waren anspannend genug; wie würde es weitergehen? Auch wollte ich ihnen keine Unannehmlichkeiten bereiten – ahnte ich doch nicht, ob ich nicht selbst schon in Schwierigkeiten steckte. Aber wie sollte ich mit dieser so nett gemeinten Einladung umgehen? Nichts, gar nichts rechtes, keine schnelle Ausflucht fiel mir als Antwort ein. »Ja, das ist eine nette Idee«, erwiderte ich, lächlte das junge Paar hilflos an und ging weiter. Mein Blick fiel in völlig fassungslose Gesichter, als ich mich einfach abwandte – Gesichter, die ich nicht vergessen würde …

Viel zu früh war ich wieder im Hotel, lange vor der vorgesehenen Ankunftszeit der drei. Umso quälender das Warten. Thomas und seine Freunde kamen nicht, auch nicht zur angekündigten Zeit. Ich konnte auch schlecht in der Halle herumlungern oder vor dem Hotel. So blieb ich auf dem Zimmer. Wieder plagten mich Gedanken, fürchtete ich alles verloren, ehe es recht begonnen hatte. Alles umsonst? Waren die drei aufgeflogen?

Nein, aber eine routinemäßige Verdachtskontrolle der DDR-Beamten hatte sie länger an der Grenze festgehalten. Drei Abiturienten, die einfach mal so ein Wochenende in Karlsbad verbringen wollten? Das wollen wir doch mal sehen! Getrennte Befragungen. Ihre Antworten erwiesen sich als weitgehend deckungsgleich. Darauf waren die drei vorbereitet gewesen. Merkwürdig allerdings: Zwei von ihnen trugen eine Goldmünze im Portemonnaie. »Das sind so Glücksbringer!« – »Dann wollen wir mal lieber dafür sorgen, dass denen nichts zustößt! Könnten ja verloren gehen!« – »Freundlicherweise« erklärten die Grenzbeamten sich bereit, die Münzen bis zur Rückkehr der drei

»aufzubewahren«. Nur zur Sicherheit. »Schließlich wollen Sie die ja doch nicht in der ČSSR lassen, oder? … Na, sehn' Se!« Aber dann wurde es eng. Die Routinekontrolle schloss mit einer letzten Routinefrage ab: »Wo werden sie denn wohnen?« – »In Karlovy Vary.« – »Und wo genau?« – »Hotel ›Narodni Dum‹.« – »Das lässt sich überprüfen!«

»Und dann?« Thomas, ich und die beiden Freunde, die mich noch gar nicht kannten, hatten uns kaum begrüßt, da sprudelte die ganze Geschichte aus ihnen heraus. »Na ja, die haben hier angerufen.« – »Und?« – »Sie wollten wissen, ob und für wie viele Personen wir gebucht hätten …« – »Und, was hat der Portier gesagt?!« – »Ja, hat er gesagt, auf den Namen Fritsch. Für drei …«

Ich hätte dem alten Mann um den Hals fallen können. Als wir zu einem späten Abendessen in die Stadt zogen, leerte ich ihm mein ganzes Münzgeld auf den Tresen, alles, was ich an deutscher Währung noch hatte. Der Alte lächelte verschwörerisch, murmelte einen Dank.

Tschechische Küche und tschechisches Bier! Erst ein Pilsner, dann ein Budweiser, vielleicht doch noch mal ein Pilsner, vielleicht auch noch in einem anderen Lokal … Unsere Stimmung war bombig, die Hürde hatten wir geschafft! Den Portier zu bestechen, tolle Idee! Thomas' Freunde, die bislang blind auf seine Zusicherung setzten, ich würde es schon richten, fassten Vertrauen. Endlich einmal in Ruhe alles besprechen, Reiserouten und Zeitpläne, Risiken und Vorbereitungen.

Dumm war das mit den Goldmünzen. Die drei hatten sich überlegt, ich könne sie mitnehmen und verkaufen. So wollten wir die weiteren Vorbereitungen finanzieren. Grundsätzlich eine gute Idee: In der DDR waren solche Münzen schlecht zu handeln, im Westen lag ihr Wert deutlich höher. Also würden wir es bei anderer Gelegenheit noch mal probieren. Thomas Röthig hatte eine Idee: »Wenn in Leipzig Messe ist, wohnt bei uns immer ein Unternehmer aus Stuttgart. Dehmelt heißt der. Den könnten wir doch fragen.« – »Noch einer, der was weiß?« – »Der ist in Ordnung!«

Für die weitere Korrespondenz verabredeten wir Codes: »Schweiz« bedeutete »Ost-Berlin«, »Frankreich«: »Rumänien« und »England« sollte für »Bulgarien« stehen. Wie die Fluchtroute endgültig aussehen würde, konnten wir noch nicht festlegen. Dafür musste ich noch weitere Erkundigungen einziehen und Details klären. Ausschließen konnten wir inzwischen allerdings den Weg über Jugoslawien: Die Freunde hatten in Erfahrung gebracht, dass sie dorthin keine Einreiseerlaubnis bekommen würden. Der südeuropäische Staat galt im sozialistischen Lage als unzuverlässiger Kantonist, der bestrebt war, sich zwischen den ideologischen Fronten zu positionieren. Zu leicht war es überdies, von dort aus auf dem Landweg ins benachbarte Österreich oder über die Adria nach Italien zu gelangen.

Es wurde spät. So viele Themen. Unsere Fluchtplanung. Wie geht es im Westen weiter, wenn alles geklappt hat? Die Ausbürgerung des sowjetischen Schriftstellers Solschenizyn, der vor zwei Wochen in der Bundesrepublik eingetroffen war, die Ölkrise und die Streiks im öffentlichen Dienst. Unsere Abi-Erfahrungen, neue Musiktrends im Westen, die Fußball-WM.

Am Sonntag Gang durch ein nebelgrau-trübes Karlsbad. Ich bemühte mich, möglichst passgerechte Porträtfotos der

Karlsbad, 3. März 1974: Thomas von Fritsch, Bernd Herzog und Thomas Röthig

drei zu schießen. Dann fotografierten wir uns gegenseitig. »Beste DDR-Qualität!«, meinte Thomas Röthig anerkennend zu meiner neuen Spiegelreflexkamera, einer »Porst CX 6«. »Eine Praktika! Vom VEB Pentacon aus Dresden. Wird nur für den Export hergestellt.« Viele Unternehmen in der Bundesrepublik bezogen ihre Produkte aus der DDR, wo die Herstellungskosten deutlich niedriger lagen als im Westen. Und die Export-Qualität von DDR-Waren war anerkanntermaßen gut. Sogar die Zigaretten, in deren Werbung amerikanische Cowboys den »Geschmack von Freiheit und Abenteuer« genossen, entstünden, so munkelte man, im »Volkseigenen Betrieb Tabak Nordhausen«. Die DDR-Führung kam auf diesem Wege an begehrte Devisen. Zu den Unternehmern, die hiervon in der Bundesrepublik profitierten, gehörte auch der Nürnberger Foto-Großhändler Hansheinz Porst, der mit den DDR-Kameras nicht nur Millionen verdiente, sondern auch

»Stellt euch mal da an das Brückengeländer«: Rüdiger und Thomas in Karlsbad

für das politische und wirtschaftliche Modell der DDR schwärmte. Sein Versuch allerdings, den erwirtschafteten Reichtum dafür zu verwenden, den sozialistischen Traum in seinem westdeutschen Betrieb zu verwirklichen, führte zum Ruin des Unternehmens.

»Stellt euch mal da an das Brückengeländer«, meinte Bernd zu Thomas und mir. Als ich den Film vom Entwickeln abholte, war ich erstaunt, wie ähnlich wir uns sahen.

Abschied nach einem intensiven Wochenende. Das direkte Gespräch würde für die weitere Vorbereitung wichtig bleiben. Aber es war riskant, sich persönlich zu treffen, und so würden wir Freunde oder Bekannte bitten, Nachrichten zu übermitteln oder eben auch Münzen zu transportieren. Das war unverfänglicher, als wenn Fritsch sich mit Fritsch traf …

Leider bin ich nicht allein, zwei Freunde setzten mit mir ihr Leben auf's Spiel … So hatte Thomas in seinem ersten Brief

Wir verstanden uns auf Anhieb. Thomas Rhötig, Bernd Herzog, Rüdiger und Thomas von Fritsch

vom vergangenen Herbst geschrieben. Natürlich würde ich seinen Freunden genauso zur Flucht verhelfen wie ihm. Das war mir ganz selbstverständlich. Deine Freunde sind auch meine Freunde. Nun waren wir uns zum ersten Mal begegnet und hatten uns auf Anhieb gut verstanden. Der ruhigere Bernd Herzog mit seinem trockenen Witz und der lebhaftere Thomas Röthig, der so befreit lachen konnte, beide humorvoll und offen, voller eigener Gedanken und Überlegungen.

Bernd war in Stendal aufgewachsen, bevor er ins Internat kam. Seinem Vater, der sehr viel älter war als die Mutter, hatten vor 1945 mehrere Molkereien gehört. Diese waren enteignet worden, und der Vater war Betriebsführer in einem seiner früheren Betriebe geworden. Als Bernd klein war, hatten die Eltern sich getrennt, doch die Mutter arbeitete immer noch in der Molkerei. Bernd wurde weitgehend von den Großeltern erzogen. Sie standen den politischen Verhältnissen in der DDR ablehnend gegenüber, das hatte Bernd geprägt. So trug er sich schon früh mit Fluchtgedanken. Er beschloss, das Abitur mit der Fachrichtung »Handelsmarine« abzulegen. Auf diese Weise sollte es doch möglich sein, in den Westen zu gelangen! Er bewarb sich und tat bei der Aufnahmeprüfung sein Bestes, die erforderliche sozialistische Gesinnung an den Tag zu legen. Da er seine verwandtschaftlichen Verbindungen in den Westen korrekt angegeben hatte, bestand er zunächst auch die Sicherheitsüberprüfung. Aber dann: Genauere Recherchen brachten zutage, dass die Schwester seines Großvaters nach Amerika ausgewandert war. Bernd hatte entfernte Verwandte in den USA – von denen er bislang nicht einmal etwas geahnt hatte. Aus der Laufbahn in der Handelsmarine wurde nichts. Aus Rostock an der Ostsee wurde Johanngeorgenstadt im Erzgebirge, und die Erfahrung mit dem abgrundtiefen Misstrauen des Staates gegen seine Bürger bestärkte Bernd in seinem Wunsch, der DDR den Rücken zu kehren …

Wie in so vielen DDR-Familien war auch in Thomas Röthigs Elternhaus in Leipzig der Fernseher das Tor zum Westen gewesen. Und auch bei ihnen hatte deshalb eine Obrigkeit, die um die richtige Gesinnung ihre Bürger besorgt war, in den sechziger Jahren die Westantenne vom Dach gesägt. Das hatte lediglich den technischen Ehrgeiz des Familienvaters beflügelt, die Antenne unter dem Dach versteckt neu zu verlegen. Anfang der siebziger Jahre verbrachte Thomas mit seinen Eltern einen Sommerurlaub in Ungarn. Im Hotel fiel ihm eine Ausgabe der »Süddeutschen Zeitung« in die Hände, die er von der ersten bis zur letzten Zeile verschlang. »Das wäre doch was«, ging es ihm durch den Kopf, »wenn ich jeden Tag die Zeitung lesen könnte, die ich will!« Als Thomas die achte Klasse abgeschlossen hatte, stand die Entscheidung an, auf das Gymnasium zu gehen. Doch daraus wurde zunächst nichts – dem stand seine »falsche Herkunft« entgegen: Thomas Vater war Ingenieur und somit Akademiker. Das passte nicht in das ideologische Weltbild des »Arbeiter- und Bauernstaates«. Da hatte Thomas' Freund es besser: Der war zwar schlechter in der Schule, hatte aber einen »passenden Vater«. Mehr und mehr begannen staatliche Willkür und Ungerechtigkeit Thomas zu ärgern. Es konnte nicht ausbleiben, dass auch ihn bald der Gedanke umtrieb, die DDR zu verlassen. So nahm Thomas sich vor, das Abitur mit der Fachrichtung Flugzeugmechaniker abzulegen, um später Bordingenieur zu werden. Nicht, dass er eine besondere technische Neigung verspürte oder über entsprechende Begabungen verfügte. Doch ein solcher Berufsweg eröffnete – und das war viel wichtiger – die Aussicht auf eine Landung im Westen. Aber auch Thomas' Hoffnungen zerschlugen sich – aus einem ganz banalen Grunde: In der sonst so perfekt organisierten DDR klappte die Koordination nicht. Als in Leipzig die Zeugnisse ausgegeben wurden, war in Berlin die Anmeldefrist bereits abgelaufen.

So landeten Bernd Herzog und Thomas Röthig schließlich im gleichen Internat und dort auf dem gleichen Zimmer. Über die Ausbildung zum Facharbeiter sollten sie sich auf das Geologiestudium vorbereiten. Rasch entstand eine enge Freundschaft zwischen den beiden, getragen auch von ihrer kritischen politischen Einstellung. Auf langen abendlichen Spaziergängen überlegten sie bald gemeinsam, wie sie die DDR verlassen könnten. Und wieder dauerte es nicht lange, bis Thomas eines

Abends zu Bernd sagte: »Du, ich glaub', der Thomas von Fritsch will auch weg!«

Dass die drei anders dachten, als die sozialistische Erziehung es vorsah, blieb nicht unbemerkt. Im Geschichtsunterricht und in Staatsbürgerkunde boten sich immer wieder reizvolle Gelegenheiten, sozialistische Idee und DDR-Wirklichkeit gegeneinanderzuhalten und die Lehrer in Diskussionen zu verstricken ... Um die »Festigkeit ihres Klassenstandpunktes« besonders nachdrücklich unter Beweis zu stellen, hängten Bernd und Thomas Röthig in ihrem Zimmer ein großes DDR-Wappen aus Holz auf. Sie hatten es hinter einer Tribüne gefunden, die sie aufräumen mussten. Niemand hatte einen Zweifel daran, dass es sich bei dieser Verschönerungsaktion um nichts anderes handelte als um eine Provokation – schließlich war die politische Einstellung der beiden allzu bekannt. Doch was wollten die Erzieher dagegen sagen, dass Schüler sich in ihrem Zimmer ein DDR-Wappen aufhängten? Wohin das Wappen eines Tages verschwunden war, blieb den Erwachsenen verborgen: Es wanderte in ein Freudenfeuer, das die Schüler anlässlich des »Bergfestes« entzündeten, mit dem sie die Halbzeit im Internat feierten. Mancher Mitschüler hatte dabei ein mulmiges Gefühl, aber keiner petzte.

Wenig später wurden die drei gemustert. In aller Deutlichkeit wurde ihnen jetzt klar, dass sie sehr bald nach dem Abitur den Wehrdienst würden antreten müssen, oder, wie man in der DDR sagte, dass sie »zur Fahne« mussten. Bernd geriet während der Musterung an einen dicken Oberst, der ihm Vorhaltungen machte, er sei wohl nicht ganz »linientreu«. Gleichwohl, so wurde ihm eröffnet, erwäge man, ihn bei der »Sicherung der Staatsgrenze West« einzusetzen. Quasi als Bewährung unter Aufsicht. Bernd gab sich empört: »Das können Sie nicht verantworten!« Solche Späße waren gefährlich, vor allem, wenn der Staat sich mit der ehrenvollen Zuteilung zu den Grenztruppen offensichtlich bemühte, Bernd doch noch für die Sache des Sozialismus zu gewinnen …

9
Burkhard

Rückfahrt von Karlsbad. Vor der Grenze rollte der Zug langsamer, blieb schließlich fast stehen – direkt an den Sicherungsanlagen. Mein Abteil war leer – die Gelegenheit für ein paar interessante Fotos! Ich wechselte das Objektiv, schraubte das Tele auf und beugte mich aus dem Fenster: klack, klack, klack. Jetzt nach rechts wenden und – im Objektiv erschien der Rücken eines tschechoslowakischen Grenzsoldaten, wenige Meter vor meinem Abteil, fast zum Greifen nahe … Vor Schreck wäre mir fast die Kamera aus dem Fenster gefallen. »Du Idiot, Du kompletter Idiot! Grenzanlagen fotografieren! Aus wäre es, aus, hätte er zu Dir hin- und nicht weggeschaut! Musst Du mit solchen Kindereien alles aufs Spiel setzen! Das wäre ein herrlicher Filmstreifen! Anfangs die drei Freunde und dann die Grenzanlagen!«

Montag, 4. März 1974. Wieder auf der Hangweide. Dienstbeginn wie üblich, bald wurde ich von der unbeständigen Routine eines intensiven Alltags in Beschlag genommen. Josef hatte seine Brille als Brennglas verwendet und eine Zeitung angezündet. Egon hatte Peters Lieblingsbären versteckt. Markus hatte einen epileptischen Anfall gehabt und war mit dem Kopf gegen einen Heizkörper geschlagen. – Pausengespräche.

Wochenende? Nichts Besonderes gemacht, nur irgendwie so, ein bisschen gelesen und so …

Freitag, 15. März 1974. Wieder ein »trefff 2« bei Burkart von Wilucki in Bad Cannstatt. Würde Huberta auch kommen? Ja, sie war da … Ein wunderbarer Abend, lange Gespräche. Auch wenn wir unverändert nur »gute Freunde« waren – ich merkte, wie sehr ich mich nach diesen Begegnungen sehnte, wie gut Huberta mir tat, im wachsenden Druck der Fluchtvorbereitungen. Würde man sich öfter sehen können? Wir wohnten zwar nur vierzig Kilometer voneinander entfernt, aber doch beide auf dem Land, und Huberta steckte außerdem im Abitur. So beschloss ich, ihr zu schreiben – und sie antwortete rasch …

Im Gespräch mit Burkart erfuhr ich, dass er über Ostern in die DDR fahren würde. Er selbst hatte sie vor langen Jahren als Flüchtling verlassen. Seine »Tat« war inzwischen verjährt. So konnte er gelegentlich wieder einreisen und seine Verwandten besuchen. Ich überlegte nicht lange – hier ergab sich eine zusätzliche Kontaktmöglichkeit. Ich vertraute Burkart. So weihte ich ihn grob in die wichtigsten Details ein. Ob er bereit wäre, sich mit den Freunden zu treffen, um weitere Details zu besprechen und eventuell auch Goldmünzen mitzubringen? – »Selbstverständlich!«

Samstag, 16. März 1974. Auf dem Nepperberg versammelte sich die Familie: Morgen würde Ulrich konfirmiert werden, mein nächstjüngerer Bruder. Ich war aus der Hangweide gekommen, mein älterer Bruder Burkhard aus München. Mittags saßen wir in meinem Zimmer. Ich war entschlossen: Ich

»Ich soll dich von unserem Vetter Thomas grüßen«: Burkhard und Rüdiger im März 1974 in Schwäbisch Gmünd

musste nun auch Burkhard einweihen, denn ich brauchte Hilfe bei der weiteren Vorbereitung. KaGe würde helfen, saß aber zu weit weg. Und Burkhard konnte vielleicht auch bei der Finanzierung einspringen, er hatte an der Uni einen Job als studentische Hilfskraft. Ich würde ihm von unseren Fluchtplänen genauso lässig und abgeklärt erzählen wie KaGe. »Übrigens, ich soll Dich von unserem Vetter Thomas grüßen.« Weiter kam ich nicht, meine Stimme kippte. Ich holte Luft. »Ich habe ihn vor zwei Wochen in Karlsbad getroffen. Er will abhauen.« Burkhard reagierte wie ich: Keine Sekunde lang überlegte er ob, nur: wie. Ausführlich besprachen wir alles. Wir beschlossen, noch einen weiteren Freund aus Internatszeiten einzuweihen, Ede Weig, der ebenfalls den Kontakt halten konnte, wenn dies für uns zu schwierig wurde.

Burkhard und ich waren uns zwar im Alter nahe, aber sonst doch weit auseinander. Die Sache mit Tom würde das ändern – bei allem Krach, in den die Anspannung der abschließenden Wochen der Vorbereitung und die ständige, nicht mehr gewohnte Nähe sich gelegentlich entladen sollte. Er war der ruhende Pol unserer Unternehmung, sicher und scheinbar unerschütterlich.

So hatte ich ihn im Internat erlebt, nachts, als dieser schreckliche Einsatz kam: Mit anderen Klassenkameraden hatten wir abends lange zusammengesessen, um noch für die Mathe-Arbeit am nächsten Tag zu lernen. Lust hatte keiner und so war das Gespräch allzu rasch abgeschweift auf die wirklich wichtigen Dinge: das Leben im Internat, unsere Träume, Vorhaben, die Mädchen, der nächste »Dienste-Einsatz«. Die Dienste spielten eine große Rolle im Leben aller Schüler – jeder war verpflichtet, sich in Feuerwehr, Technischem Hilfswerk, Rotem Kreuz, Nautik oder Sozialarbeit zu engagieren. »Wir bräuchten mal wieder einen richtigen Einsatz!«, träumte Martin, der Fahrer des Feuerwehrwagens. »So mit allem Drum und Dran, nachts raus und los!« Gemeinsam berauschten wir uns an der Vorstellung, gebraucht zu werden, uns bewähren zu dürfen, zu einem Abenteuer aufzubrechen. Schließlich gingen wir schlafen, aus dem Lernen war nichts geworden. Wir waren keine Stunde in den Betten, als der Alarm ging: »Dienste zum Einsatz!« Im Nu war jeder in der Dienstkleidung, die seitlich an den Schränken vor den Zimmern hing. Enttäuscht kamen nach kurzer Zeit die Einsatztrupps von Technischem Hilfswerk und Rotem Kreuz zurück – nur die Feuerwehr wurde gebraucht. Wir krochen zurück in unsere Betten, ohne Schlaf zu finden. Eine halbe Stunde später: wieder Alarm! Diesmal hysterisches Durcheinander: der Feuerwehrwagen ist verunglückt! Keiner schien recht zu wissen, was zu tun war, selbst die Erwachsenen rannten aufgeregt durch die Gänge. Nur Burkhard mittendrin, in seiner Uniform als Kapitän des Technischen Hilfswerks, völlige Ruhe und Konzentration. Ordnete an, schickte zurück, beschwichtigte. Kurze Zeit später war der THW-Wagen mit dem notwendigen Bergungsgerät unterwegs, um den Freunden von der Feuerwehr zu helfen. Sie hatten Glück im Unglück gehabt: Martin, ihr Fahrer, war Opfer seiner Einsatz-Euphorie geworden und hatte eine Kurve zu schnell genommen, der Wagen war umgestürzt. »Plötzlich hatte ich die Fresse im Benzin!«, berichtete Christian aufgelöst und bleichgesichtig nach der Rückkehr. Doch zum Glück war niemand zu Schaden gekommen – lediglich der Feuerwehrwagen, ein alter Borgward, war Schrott. Und in den neuen wurde dann ein Geschwindigkeitsregler eingebaut …

Zur Konfirmation war auch Vetter Rembert gekommen, der gerne und viel reiste. Zuletzt hatte er eine Schwarzmeer-Kreuzfahrt unternommen. Wie nützlich. Geradezu systematisch wurde er von uns ausgefragt. Wie das denn sei, in den Häfen in Rumänien und Bulgarien. Man lese ja immer wieder in den Zeitungen von Fluchtversuchen von Leuten aus der DDR, auch über das Schwarze Meer. So über ein westliches Kreuzfahrtschiff, das wäre doch eigentlich ein idealer Weg. Aber Rembert winkte ab: »Was glaubt ihr, wie die aufpassen!« Im Detail berichtete er, was er auf seiner Fahrt erlebt hatte, was ihm aufgefallen war. Wie durch genaue Kontrollen sichergestellt wurde, dass nach einem Landgang niemand aufs Schiff stieg, der nicht zu den Passagieren gehörte, und dass auch sonst niemand auf anderem Wege an Bord kam. Uns wurde klar: Diese Variante schied also auch aus.

So hofften wir nun darauf, dass beim Treffen der Freunde mit Burkart von Wilucki neue Ideen aufkamen. Seinen Aufenthalt in der DDR über Ostern kündigte ich Thomas im nächsten Brief an.

Hangweide, 18. März 1974

Lieber Thomas!
Seit dem 3. März hat sich eine Menge getan. Nach längerer Zeit habe ich endlich einmal Burkhard wiedergesehen, dem ich meine neue Mineraliensammlung zeigte. Wie ich mir schon gedacht hatte, war er sehr davon eingenommen und wir wollen auf diesem Gebiet in Zukunft viel gemeinsam unternehmen. Auch kam ich mit einigen Fachleuten in Kontakt, ganz so einfach ist dieses Hobby leider nicht, man muss immer wieder neue Mittel und Wege finden, um eine wirklich schöne Sammlung zusammentragen zu können.
Ein guter Freund von mir, Burkart von Wilucki, fährt über die Ostertage zu Verwandten in Eure Republik, er sammelt auch Mineralien und hat sich auf erzhaltige spezialisiert. …
Du schriebst, du hättest einige solcher erzhaltiger Mineralien. Wenn du ein schönes Stück mal einem Fachmann zeigen willst, so würde er vielleicht auch gerne mit Dir tauschen, das ist ja, so viel ich weiß, erlaubt. …
In den großen Ferien wollte ich, wie Du aus meinen letzten Briefen vielleicht schon weißt, nach Frankreich fahren und dort Urlaub machen. Momentan allerdings erwäge ich die

Möglichkeit, umzudisponieren, da einige Schwierigkeiten auftauchen. Da man das aber aus der Ferne ungenügend beurteilen kann, werde ich mich vielleicht schon vorher einige Tage an Ort und Stelle umsehen.
Wenn Du bald mal wieder von Dir hören lässt, freue ich mich sehr, ansonsten sei sehr herzlich gegrüßt,
Dein Rüdiger

Am gleichen Tag schrieb ich auch an KaGe und schilderte ihm meine Gemütsverfassung: »*Je tiefer wir in die Materie eindringen, umso mehr müssen wir feststellen, dass wir als Laien es gegen diese staatlichen Profis unheimlich schwer haben werden. Die sind wirklich mit allen Wassern gewaschen und haben aber, so scheint es, wirklich auch alles, was uns einfällt, selber schon mal durchdacht. Manchmal könnte ich einfach alles hinschmeißen und laut los brüllen. … Ich habe inzwischen einige Leute gesprochen, die selber schon Ähnliches gemacht haben und die von misslungenen Aktionen genug zu berichten wussten. Aber wir versuchen unser Menschenmögliches zu tun.*«

…

Kurze Zeit später erhielt ich einen irritierenden Brief von Thomas Röthig.

Neuoberhaus, 19. März 1974

Lieber Rüdiger!
Ich habe jetzt mit meinem Bekannten aus Stuttgart über Mineraltausch gesprochen, doch er zeigte daran weniger Interesse. Ich vermute, er wird Dir von einem weiteren

Tausch abraten, doch wir interessieren uns weiterhin für Deine Minerale …
Ich soll Dir auch viele Grüße von Thomas bestellen, leider hat er wenig Zeit, Dir zu schreiben.
Es grüßt Dich Dein Mineralfreund

Was sollte das heißen? Offensichtlich bezog Thomas sich auf den Unternehmer aus Stuttgart, der während der Messe bei Röthigs in Leipzig zu wohnen pflegte. Ein Brief von jenem Herrn Dehmelt, der kurz darauf einging, brachte Klarheit:

Stuttgart, 22. März 1974

Sehr geehrter Herr von Fritsch,
Ich war über das letzte Wochenende auf der Leipziger Messe und habe, wie in früheren Jahren schon, bei der Familie Otto Röthig gewohnt. Der Sohn Thomas hat mir Ihre Adresse gegeben und bat mich, Ihnen mitzuteilen, dass Sie an Ihre Verwandten möglichst keinen Brief mehr schreiben, indem Sie zum Ausdruck bringen, dass Sie ihn zu einem Grenzübertritt ermuntern, oder ihm irgendwelche Hoffnungen machen für einen vielleicht unüberlegten Schritt. Der Junge steht anscheinend unter genauer Observation und Sie bringen ihn mit derartigen Schreiben, soweit mir der Sohn Thomas versichert hat, in erhebliche Schwierigkeiten. Die Post wird zensiert und ich bitte Sie, in diesem Sinne zu verfahren.
Der Sohn wollte einen Treffpunkt mit Ihnen vereinbaren in Ost-Berlin, die Familie Röthig möchte aber in gar keinem Fall einen solchen Treffpunkt, weil, wie ich sehr gut verstehe, alle jungen Menschen die Möglichkeit suchen, dem

DDR-Regime zu entkommen. Die Schwierigkeiten sind aber so groß, dass wohl kaum eine reale Möglichkeit besteht, ein solches Vorhaben mit Erfolg auszuführen. Sie wissen sicherlich, dass bereits unsere Bundesregierung der DDR in dieser Richtung Schützenhilfe leistet, ein Vorgehen, das mir völlig unverständlich ist. Ich möchte aber die jungen Menschen nicht in Gefahr wissen, denn es droht ihnen eine sieben- bis achtjährige Haftstrafe, und Sie wissen sicherlich, dass auch nach Verbüßung einer solchen Strafe die Repressalien nicht vorbei sind, und das bedeutet faktisch, dass ein junger Mensch alle seine Chancen endgültig verspielt, wenn ein solcher Fluchtversuch scheitert.

Ich habe mit diesem Schreiben versucht, Ihnen die Situation zu schildern und ich nehme an, dass Sie auch meiner Meinung sind. Erwähnen Sie bitte dieses Schreiben nicht, wenn Sie weiter in Briefverkehr bleiben. Die Familie Röthig möchte in keinem Fall, dass ihr Name in diesem Zusammenhang genannt wird. Ich glaube, dass Sie auch dafür Verständnis haben.

Mit freundlichen Grüßen,

Dehmelt

Und jetzt? Was hatte das zu bedeuten? Was war passiert? War auf Dehmelt doch kein Verlass? Ich überlegte. War Tom in Schwierigkeiten? Hatte Thomas gegenüber Dehmelt alles abgestritten, nachdem dieser mit seinen Eltern gesprochen hatte? Wieder Ungewissheiten, die nicht aufzuklären waren. Warum konnten wir nicht einfach miteinander sprechen, warum war das alles so kompliziert!? Sorgen und Anspannung. Im Moment ließ sich zunächst nur eines tun: Dehmelt musste, für alle Fälle, in Sicherheit gewiegt werden. Also setzte ich mich mal wieder an meine alte Schreibmaschine:

Rommelshausen, 2. April 1974

Sehr geehrter Herr Dehmelt!
Für Ihren Brief vom 22. März sehr herzlichen Dank. Dass Sie sich in dieser Angelegenheit für Thomas Röthig und damit für meine Verwandten eingesetzt haben, ist sehr freundlich von Ihnen.
Die Bedenken und Gefahren, die Sie mir in Ihrem Brief vortrugen, konnten im brieflichen Gedankenaustausch mit meinen Verwandten von diesen natürlich nicht so klar aufgezeigt werden, und so bin ich Ihnen sehr dankbar, dass Sie dies, in Kenntnis der Dinge, taten. Vielleicht neigt man auch als junger Mensch stets etwas dazu, Gefahren nicht zu sehen oder zu unterschätzen. Glücklicherweise handelt es sich in unseren Briefen bislang mehr um Themen allgemein weltanschaulicher und philosophischer Natur, die aber natürlich hier und da auch eine gewisse politische Tendenz enthielten. Vielleicht war es von meiner Seite aus schon zu viel und mir ist jetzt klar geworden, dass man gar nicht vorsichtig genug sein kann, denn es liegt mir natürlich fern, meine Verwandten in irgendwelche Schwierigkeiten bringen zu wollen.
Haben Sie nochmals vielen Dank für Ihren freundlichen Brief und die damit verbundene Hilfeleistung.
Mit freundlichen Grüßen, Rüdiger Fritsch

Eines schwor ich mir: Sollte uns die Flucht je gelingen, dann würden wir gemeinsam zu Dehmelt fahren. Das Gesicht wollte ich sehen!

Ein Brief von Tom, der bald darauf eintraf, beruhigte mich wieder etwas – auch wenn Tom von Dehmelts Besuch bei Röthigs noch nichts zu wissen schien.

Neuoberhaus ZAS, 1. April 1974

Mein lieber Rüdiger!
Ich danke Dir bestens für Deinen Brief sowie für den Deines Bruders Burkhard (25. 3. abgestempelt). Ich werde ihm demnächst auch schreiben. Besonders freut mich, dass er auch mit mir Minerale tauschen will. Günstig ist auch, dass Wilucki besonders erzhaltige Minerale braucht, von welchen wir hier zur Zeit genügend haben. Selbstverständlich tauschen wir an Ort und Stelle, so weit liegt Schwerin nun auch nicht. Kann er Kataloge mitbringen? Auch können wir uns dann persönlich über das so umfangreiche Wissensgebiet der Geologie unterhalten und fachsimpeln. … Was macht eigentlich Deine geplante Frankreichreise, musst Du Dich denn nicht sehr beeilen, um alle Vorbereitungen zu treffen? …
Mit besten Grüßen, Dein Thomas

10

Ein kreativer Briefträger, ein konspiratives Treffen und der Rücktritt Willy Brandts

Wenige Tage nach Ostern war ich bei Burkart von Wilucki in Stuttgart. Der hatte sich mit Bernd in Schwerin getroffen und eine Münze mitgebracht – ein Lichtblick. Ansonsten: schlechte Nachrichten. Die drei Freunde wollten zwar unbedingt an ihrem Plan festhalten, gingen aber tatsächlich davon aus, unter verschärfter Beobachtung zu stehen – nicht zuletzt schien sich wohl die zunehmende politische Renitenz herumgesprochen zu haben, die sie in der Schule an den Tag legten. Jedenfalls war bei Toms Eltern sogar die Polizei aufgetaucht. So rieten die Freunde zu größtmöglicher Vorsicht bei weiteren Kontakten.

Wie also weiter vorgehen? Ich beschloss, mal wieder KaGe zu schreiben – zwei Briefe: einen an ihn selbst, in dem ich die Situation schilderte und einen zweiten, den ich ihn bat, mit seinem, KaGe's, Absender an Tom zu schicken.

Hangweide, 19. April 1974

Lieber Klaus!

... Du zeigtest am Telefon erneut sehr viel Bereitschaft, mir in der Angelegenheit mit meinem Vetter zu helfen. Das finde ich großartig von Dir, denn das ist wirklich nicht selbstverständlich. Bitte sei deshalb auch so ehrlich, jederzeit »Nein« zu sagen, wenn Dir etwas zu gefährlich zu sein

scheint, oder Du das für Dich erwachsende persönliche Risiko für zu groß hältst. Von Deiner Bereitschaft möchte ich gleich Gebrauch machen und zwar wie folgt: Könntest Du wohl Deine Adresse als neue Anlaufadresse für alle von drüben kommenden Briefe zur Verfügung stellen? … Alle Briefe, die ich nach drüben schreibe, schicke ich Dir, Du schickst sie mit Deinem Absender und von Dir adressiert aus Bonn ab. Wollen mein Vetter und meine Freunde mir schreiben, so schicken sie alles an Dich, Du leitest die Briefe dann an mich weiter. Selbstverständlich kannst du sowohl meine als auch ihre Briefe lesen. Das wäre das eine.
Das andere, fast wesentlichere, ist: Um endgültig Reisezeit, Treffpunkt, etc., zu klären, wollen wir uns am 25. Mai in Ost-Berlin treffen. Diese Nachricht wurde mir von einem Freund überbracht, der seine eigenen Verwandten in der DDR über Ostern besucht hat und sich einmal mit einem der drei traf. Weiterhin erzählte mein Freund mir, dass die Sache sich drüben zugespitzt hat … Nach unserem gemeinsamen Treffen in der ČSSR, von dem Du ja weißt, ist bei den Eltern meines Vetters die Polizei aufgetaucht und sie haben davor gewarnt, irgend etwas zu planen oder zu unternehmen, was in Richtung Flucht ginge. Das heißt: Mein Vetter wird mit hoher Wahrscheinlichkeit jetzt überwacht. … Deshalb wollen auch mein Vetter und ich in zukünftigen Briefen nicht mehr als Absender oder Adresse vorkommen. Deshalb die erste Bitte. Zudem muss ich annehmen, dass in der DDR gegen mich ein Haftbefehl wegen Beihilfe zur Republikflucht oder wegen Verdachts auf Beihilfe vorliegt. Das heißt, es wäre Selbstmord von mir,

jetzt in die DDR oder nach Ost-Berlin zu fahren. Das Treffen muss aber stattfinden. Meine große Bitte ist nun: Könntest Du an meiner Statt Dich mit ihnen treffen? Wir würden zusammen nach Berlin fliegen und ich würde im Westen auf Dich warten. Sämtliche Unkosten trage ich selbstverständlich in vollem Umfang. … Deine Antwort bräuchte ich bald, da ich, im Falle, dass Du nicht könntest, was ich Dir wirklich nicht verübeln könnte, jemand anderen suchen müsste. Meinen Bruder möchte ich des Namens wegen nicht zu oft nehmen, er wird sich schon zuvor einmal mit den Dreien treffen.

Weiter bat ich Klaus um Angaben zu seinem Pass, den wir eventuell benötigen würden und darum, bei der bulgarischen Handelsvertretung Erkundungen einzuholen, »*wie lange ein Transitvisum für Bulgarien vom Ausstellungstag an Gültigkeit hat und wie lange die Bearbeitung etwa in Anspruch nimmt? Am besten machst Du das wohl per Telefon, sicherheitshalber mit falschem Namen.*«

Tom musste ich klarmachen, dass die Korrespondenz künftig über KaGe laufen würde und dass das so seine Richtigkeit hatte. Also unterschrieb ich meinen Brief diesmal mit »*Dein Klaus-Rüdiger*«.

19. April 1974

Lieber Thomas!
Für Deine letzte Karte und den Brief danke ich Dir sehr. Dass es Dir so weit ganz gut geht, freut mich für Dich, insbesondere in der Schule hast Du sicherlich eine Portion

Glück nötig; für den Endspurt zum Abi drücke ich alle vorhandenen Daumen!
Auch bei mir läuft alles in alten Bahnen und bis auf die gelegentlichen Sorgen und Probleme, die ja wohl jeder mal hat, bin ich zufrieden. Als Ausgleich zur Arbeit dient mir immer wieder mein Steckenpferd, die Mineralogie, die ich mit viel Freude und großem Eifer betreibe. Im Moment bin ich auf ein besonders schönes Stück stolz, das mir ein Freund von einer Auslandsreise, die er über Ostern machte, mitbrachte. Es ist ein seltener, erzhaltiger Stein, der allein schon optisch ein Prachtexemplar ist. Auch sonst freue ich mich über neue Informationen und Wissensbereiche, die mein Freund, der in dieser Hinsicht sehr beschlagen ist, mir eröffnet. Bei uns hier im Schwäbischen sind ja insbesondere herrliche Versteinerungen aus dem Jura zu finden, und so bin ich oft in Wanderungen auf der Schwäbischen Alb unterwegs.
Mein Ziel ist Zürich, dort will ich mich ganz der Stadt und ihren Kunstschätzen widmen. Meinem Freund liegt es mehr, auf Exkursionen zu gehen, auch hat er Freunde dort, die er besuchen will, aber das wird er wohl ohne mich machen, ich bin nun mal mehr in die Geschichte vernarrt! Aber ich will dich auch nicht mit Details langweilen.
Mein eigentlicher Sommerurlaub geht dieses Jahr wohl nach England, ganz geklärt ist das noch nicht, auch ist es bis dahin ja noch Zeit. Was hast Du vor? Bis zu schönen Stränden habt Ihr es bei Euch ja nicht weit, die Ostsee muss wunderbar sein, wie gerne würde ich das alles einmal kennen lernen! Unsere Badeorte an Nord- und Ostsee sind

leider zu hässlichen Touristenfallen kapitalistischen Konsumstrebens geworden; um schöne Ferien zu haben, muss man halt heutzutage schon weiter fahren!
Für die letzte schulische Zeit bis zum Abitur nochmals alles Gute und viel Glück, herzliche Grüße,
Dein Klaus-Rüdiger

Montag, 22. April 1974. Gruppenarbeit auf der Hangweide. »Ankel Riediger, kriag i oine?« Gautschend stand Egon vor mir, die Arme auf dem Rücken verschränkt. Sein massiger Körper pendelte leicht hin und her, die schwere Zunge fuhr durch die Mundwinkel. »Kriag i oine?« Der Schalk blitzte Egon aus den Augen. Vielleicht würde es ihm ja dieses eine Mal gelingen, und er bekam eine seiner geliebten Bananen mehr, als die Ärztin ihm als tägliche Ration verschrieben hatte. Das Spiel lief immer gleich, jeden Tag mindestens einmal. Und Egon liebte es, auch wenn es für ihn regelmäßig mit einem Misserfolg und einem seiner heftigen, wenngleich nur kurzen Wutausbrüche endete. »Was willst Du haben, Egon?« Ich gab mich, wie immer, völlig ahnungslos, denn das gehörte zum Spiel. »Ha, Ankel Riediger, Du woisch doch!« Egons Stimme war von einschmeichelnder Zärtlichkeit. Mit dem rechten Zeigefinger malte er sich einen Halbkreis auf die Brust. »Ich hab' keine Ahnung, was Du willst, Egon!« – »Ha, Ankel Riediger, ne B!« Egon legte den Kopf schief und blickte charmant von unten herauf. »I mecht e Banaan!« – »Aber Egon, Du hattest doch schon eine!« – »Noi?!« Egons Stimme kippte, seine Stimmung schlug um in lodernden Zorn, seine Augen funkelten böse. »Kriag i koine?!« Heftig stampfte er mit dem Fuß auf. »No verreck'sch! I schmeiss di in' d Brenz! Dai Muadr isch blend!«.

Egon stammte aus Heidenheim und die Ankündigung, jemanden in den örtlichen Fluss zu werfen, war eine seiner schlimmsten Drohungen. Furchtbarer war nur noch die Behauptung, die Mutter des Beschimpften sei blind. Da waren sich alle Heimbewohner, sofern sie noch ein Weniges an Verstand hatten, einig: Der wichtigste Mensch im Leben, der einen versorgt, betreut und vor allem: geschützt hatte, der konnte und durfte nicht blind sein.

Doch Egons Zorn war bald wieder verraucht und er gab sich einer seiner wunderbar nutzlosen Betätigungen hin. Versuchten andere, im Rahmen ihrer Fähigkeiten bei der Gruppenarbeit zu helfen, hatte Egon die Bedingungen seines Daseins in der Hangweide längst durchschaut. Er war auch zu keiner der einfachen Lohnarbeiten zu bewegen, die in den Werkstätten der Anstalt durchgeführt wurden – Schrauben verpacken, Kugelschreiber montieren, Briefmarken ablösen oder ähnliches mehr. Auf diesen Sozialstatus war Egon nicht angewiesen: »I bin doch net bleed! I gang doch net schaffe! I muass doch eh' hier soi!« Wo er recht hatte, hatte er recht: Rauswerfen würde man ihn nicht …

Also saß er lieber auf seinem Stammplatz auf dem Sofa und blätterte im Versandhauskatalog – bevorzugt in den Seiten mit der Damenunterwäsche. Darüber schlief er dann auch schon mal ein. Er war ja auch nicht mehr ganz jung. Oder aber, er beschäftigte »den Mulle«. Mulle war ein liebenswürdiger, aber völlig willenloser Gruppengefährte, den Egon für seine Zwecke ausgebildet hatte. »Mulle, klaub's auf!« hörte man dann aus der Sofaecke im Gemeinschaftsraum. Egon hatte also wieder »Röhrle« gebastelt. Mit großer Kunstfertigkeit rollte er aus den glatten Hochglanzseiten der Kataloge Blasrohre und dafür passende längliche Geschosse, die er mit großer Wucht durch den Raum verschoss. Und Mulle musste neben ihm auf dem Sofa sitzen, um die Röhrle gelegentlich auf Kommando wieder aufzusammeln, damit Egon weiterschießen konnte. Erwischte Egon einen der Betreuer, war sein Spaß perfekt. Gelang ihm das nicht, so schlich er sich von hinten an und rammte ahnungslosen Zeitgenossen den ausgestreckten Mittelfinger in den verlängerten Rücken: »Ankel Riediger: kriag'sch a Sprieetz!«

Ich versuchte Egon nach dem morgendlichen Bananendialog gerade zu besänftigen, als das Telefon klingelte. Ob ich zu Pfarrer Gorschlag kommen könne, dem Leiter der Hangweide. Natürlich, das ließ sich einrichten, man sagte kurz in der Nachbargruppe Bescheid und konnte für ein paar Minuten weggehen. Aber ungewöhnlich war die Aufforderung doch schon.

Pfarrer Gorschlag empfing mich freundlich. Es sei nichts Schlimmes, eher eine private Angelegenheit. »Haben Sie eigentlich noch weitere Vornamen?« Ich verstand gar nichts mehr. »… Ja, schon« Ich zählte meine Vornamen auf. »Nein, das ist es nicht. Sie heißen nicht zufällig auch noch Klaus?«

Was hatte das nun wieder zu bedeuten? Der Brief an Tom! Wieso wusste der Anstaltsleiter davon und wieso sprach er mich darauf an? Was war passiert? Was konnte das für Folgen haben? Was sollte ich ihm sagen? »Wissen Sie, ich habe Verwandte in der DDR, und …« Pfarrer Gorschlag unterbrach mich freundlich, aber bestimmt. »Nein, nein, Sie müssen sich nicht rechtfertigen, es ist schon in Ordnung. Es ist nur etwas Dummes passiert.«

Hülsch hatte Briefträger gespielt …

Alle ausgehenden Briefe wurden, zur morgendlichen Abholung durch die Post, an der Pforte der Hangweide deponiert. Hierhin hatte auch ich am Abend zuvor meinen Brief an Klaus und Tom gebracht. Und dort war Hülsch vorbeigekommen, ein Heimbewohner, der sich auf dem Gelände frei bewegen durfte. Die Pforte war vielleicht einen Moment unbesetzt gewesen, jedenfalls hatte Hülsch die günstige Gelegenheit genutzt und alle Briefe »abgeholt«, sie geöffnet, teils »weitergeschrieben« und schließlich an verschiedenen Stellen des großen Geländes »ausgetragen«. So waren die geöffneten Briefe zur Anstaltsleitung gelangt, die sich nun mühte, sie den Absendern zurückzugeben – was sich angesichts eines von »Klaus-Rüdiger« unterzeichneten Briefes als schwierig erwies. Aber ich musste nichts erklären. Pfarrer Gorschlag war die Situation offensichtlich unangenehm, ich tat ihm leid und er gab mir ohne weitere Bemerkungen den Brief zurück – der neben dem ungewöhnlichen Doppelnamen nun auch noch eine weitere Unterschrift trug: »Hülsch«.

Es war schwierig und auch nicht ungefährlich, weitere Verabredungen lediglich per Brief zu treffen – selbst wenn keine Hülschs dazwischenkamen … Nichts konnte das direkte Gespräch ersetzen. So reisten Burkhard und Ede Weig, unser alter Internatsfreund, die beide bislang noch durch keinerlei Kontakte belastet waren, im April nach Ost-Berlin. Im Restaurant »Budapest« trafen sie die Freunde, unterrichteten sie über den Fortgang unserer Vorbereitungen, diskutierten mit ihnen weitere Einzelheiten der Planung. Nach dem Treffen ging es weiter auf eine private Party in der Frankfurter Allee. Gastgeber war André Dingels, ein Freund von Thomas Röthig. Eine Wohnung unter dem Dach, uneingerichtet. Junge Menschen, Musik und Tanz wie im Westen – und dennoch eine andere, eigentümliche Stimmung: intensiver, näher … Um 0:00 Uhr mussten Burkhard und Ede wieder im Westen sein. Es gelang ihnen, bei dieser Gelegenheit mehrere Münzen mitzubringen, die die weitere Finanzierung erleichterten. Und noch etwas anderes schmuggelten sie in den Westen – hochinteressante Negative: Im Mai 1968 war in Leipzig, gegen die Empörung der Bevölkerung, von den Behörden die alte Universitätskirche gesprengt worden. Und Thomas Röthigs Vater war es gelungen, diesen »Akt des Fortschritts« im Bild festzuhalten.

Wenig später trafen Burkhard und Ede sich erneut mit unserem Vetter. Im Rückblick waren sich alle einig: eine gefährliche, fast leichtsinnige Verabredung. Denn Treffpunkt war ein Parkplatz auf der »Interzonenautobahn« Hof-Berlin, kurz vor Schleiz. Zwischen dem Bundesgebiet und West-Berlin existierten drei Straßenverbindungen – »Interzonen-Wege« –, die über DDR-Gebiet liefen und die von Bundesbürgern und anderen Besuchern West-Berlins genutzt werden konnten, zwar nach Kontrolle, aber ohne besondere Genehmigung. Gleichzeitig handelte es sich um normale Verkehrswege der DDR, die auch von ihren Bürgern genutzt wurden. So boten sie sich für Treffs zwischen Deutschen aus beiden Staaten geradezu an – und gerade deswegen galt ihnen natürlich auch die besondere Aufmerksamkeit der DDR-Staatssicherheit.

Burkhard und Ede fanden sich pünktlich auf dem kleinen Parkplatz ein, auf dem sie sich mit Thomas verabredet hatten. Doch der blieb aus. Dabei wohnte er doch gar nicht so weit entfernt! Die von Burkhard und Ede simulierte Reifenpanne zog sich und zog sich … Endlich kam Thomas auf seinem Motorrad, einer 125er MZ. Er hatte sich zu Hause nicht früher loseisen können, ohne Verdacht zu wecken. Kurzes Gespräch, weitere Verabredungen. Burkhard und Ede saßen schon wieder im Auto, als Thomas, ohne große Erklärung, noch rasch einen Gegenstand durchs Seitenfenster reichte. Eine Fracht, die unbedingt in den Westen gelangen sollte, und auf dem Wege dorthin keineswegs so leicht zu verstecken war wie Goldmünzen: eine alte Familienurkunde, mit Siegeln in Messingkartuschen, in einem Zinnbehälter verwahrt.

6. Mai 1974. »Tante« Hedwig, die schon seit mehreren Jahrzehnten in der Hangweide arbeitete und die Nachbargruppe betreute, hatte Tränen in den Augen. Willy Brandt war zurückgetreten, der von ihr bewunderte und verehrte Bundeskanzler. Gestürzt über einen Spion. Während wir unsere Flucht weiter vorbereiteten, hatte das deutsch-deutsche Verhältnis sich auf unvorhergesehene Weise zugespitzt. In der Nacht zum 24. April 1974 war in Bonn Günter Guillaume verhaftet worden, persönlicher Referent des Bundeskanzlers. Er und seine Frau hatten unumwunden zugegeben, Agenten des Staatssicherheitsdienstes der DDR zu sein. Wenige Tage später übernahm Willy Brandt persönlich die Verantwortung für diese dramatische Sicherheitspanne. Er fühlte sich zutiefst getroffen und enttäuscht von einer DDR-Führung, der er, im

Bemühen um Entspannung, wie kein anderer geholfen hatte, jene politische Anerkennung zu finden, die ihr im Westen lange versagt gewesen war. »Empörende Treulosigkeit« nannte Olof Palme, sozialdemokratischer Ministerpräsident Schwedens und wie Brandt ein Verfechter der Entspannungspolitik, das Verhalten der DDR-Führung. Deren um Normalität bemühte, gewundene Erklärungen klangen einfach nur kläglich.

11
Abschied von der Hangweide

15. Mai 1974. Mein letzter Arbeitstag auf der Hangweide. Der Abschied fiel schwer: Von Mulle und Egon, von Hülsch und Erich, von Horst, dem Räuber, und von all den Kolleginnen und Kollegen. Als ich durch die Gruppe ging, in der ich am häufigsten gearbeitet hatte, verabschiedete ich mich auch von Karl, von »Karli, dem Hähneputzer«. Jeden Morgen, nach dem Frühstück, waren alle gemeinsam zum Gottesdienst gegangen. Jeder Betreuer mit seiner Gruppe. Aber nicht alle kamen mit, nicht alle wollten. Jeder wurde gefragt, aber keiner genötigt. Und wenn man den Karli fragte, ob er mitkommen wolle, so hatte er regelmäßig gesagt: »Noi, Ankel Riediger, woisch, i muass noch die Hähne butze.« Und das tat er dann auch. Und wenn man vom Gottesdienst zurückkam, dann hieß es als Erstes, mit Desinfektionsmittel die Wasserhähne säubern, die der Karli eben gerade geputzt hatte: mit viel Spucke und mit dem immer gleichen, alten Lappen.

Der Karli gehörte zu den Senioren seiner Gruppe und es ging eine gewisse Würde von ihm aus, für die er auch Respekt einforderte. Ein schwerer, älterer Mann, oft grantig und jähzornig. Nun kam der Abschied. Karli hatte feuchte Augen. Er winkte mich nahe zu sich heran, niemand sollte hören, was er mir zu sagen hatte: »Du, Ankel Riediger, wenn D' in' d Himmel kommsch, dann sag'sch 'm liabn Gott: ›Der Karli isch immer a braver Bua gwä!‹« – »Ganz bestimmt, Karli, das werde ich ihm sagen. Ich versprech' es Dir!«

Was waren das für Gottesdienste gewesen! Laut und fröhlich und voller Musik und Bewegung! Häufig wurden die Worte des Pfarrers aus der Gemeinde kommentiert oder es lief einer vor und begann einen Dialog mit dem Pfarrer – und selbstverständlich ließ sich dieser darauf ein. Ich lernte viele Lieder, ich lernte Gebete, vor allem aber lernte ich, wie viel Stärke, Zuversicht und Freude die Menschen der Hangweide in den vielen Beschränkungen und Belastungen, denen sie ausgesetzt waren, aus einem einfachen christlichen Glauben gewinnen konnten. Sie wussten: da gab es einen, der war stärker als all die anderen auf dieser Welt – einer Welt, die voller Widerstände und Fallen, voller Gefahren und Überlegenheiten war. Da gab es einen, der war stärker als alle und alles – und er hatte den Erwin oder die Maria lieb und zu ihm dürften sie eines Tages heimgehen und dort würde es ganz, ganz schön sein.

Abends ein herrliches Abschiedsfest, in den Weinbergen oberhalb der Stettener Burg. Gemeinsam mit Christoph hatte ich eingeladen, dessen Zeit in der Hangweide ebenfalls zu Ende ging. Alle Kolleginnen und Kollegen waren gekommen – jede Abwechslung wurde dankbar begrüßt. Die Hangweide war eine kleine, abgeschlossene Welt, weitgehend mit sich selbst beschäftigt, und wer nicht wollte, musste nicht über den Zaun der »Anstalt« blicken. Das tägliche Leben war vom christlich-pietistischen Geist der Einrichtung bestimmt –, an den Abenden wurde von vielen eher geistliche Musik gehört oder über Bibelworte gesprochen als ferngesehen oder ins Kino gegangen. Aber so ein Fest …

Nachmittags war ich in Stuttgart gewesen, hatte eingekauft. Ein gefährliches Unterfangen – im geliehenen VW-Käfer und so gut wie ohne jede Fahrpraxis. Den Führerschein hatte ich erst im Sommer zuvor in Kanada gemacht – abbiegen, einparken, Vorfahrt beachten. Im Ergebnis durfte ich nun zwar die erstaunlichsten Fahrzeuge bewegen – so galt mein kanadischer Führerschein ausdrücklich auch für Schneemobile – in einer Fahrschule war ich allerdings nie gewesen. (»Das merkt man«, meinte Huberta später dazu.) In der Anstaltsmetzgerei hatten wir Würste bestellt – bessere gab es im ganzen Remstal nicht –, in der Bäckerei Laugenwecken. Bei Wein und Bier wurde es spät.

Und es wurde noch einmal kompliziert. Denn gekommen waren auch Sigrid und Annelore und Myriam. Mit Sigrid war ich viel zusammen gewesen, gemeinsam mit anderen waren wir auf der Alb gewandert. Manchmal lächelte sie mich an, fast verschämt, und insgeheim mochte sie mich verehren. Annelore, aus der Stadt, mit der ich abends auch mal allein ausging, in eine der urtümlichen »Besenwirtschaften« zum Beispiel – was Sigrid wahrscheinlich wie eine halbe Verlobung erschienen wäre. Und schließlich Myriam, die in unserer Gruppe junger Mitarbeiter nie im Mittelpunkt stand – die mich aber eines Abends auf ihr Zimmer gebeten und mich gefragt hatte, ob ich »mit ihr gehen« wolle. Meine Absage mochte sie als bloß halbes Nein verstanden haben – denn im Halbdunkel des Abschiedsfestes kam sie noch einmal auf mich zu – als gerade auch Sigrid, im Überschwang der Abschiedsgefühle und nach einem roten Remstäler Mutstropfen sich mir offenbart hatte und als auch Annelore … und ich mittendrin, mit meinen

Zwanzigjährigen-Gefühlen. Hoch über dem Remstal, wo die letzten Strahlen der Abendsonne schöner über die Weinberge fallen als irgendwo sonst, wo ich eine neue Welt entdeckt und mich wohlgefühlt hatte. Und dabei wusste ich doch längst, dass ich eine ganz große, neue Liebe gefunden hatte – Huberta, von der ich mir so sehr wünschte, dass sie meine Liebe erwiderte.

All dies nebeneinander und durcheinander und ungelöst. Und neben allem die Sache mit Tom. Und von nun an über allem. Denn nichts sonst nahm mich jetzt noch in Anspruch, nachdem die körperliche wie geistige Anspannung der täglichen Arbeit in der Hangweide wegfiel. Nichts stand mehr zwischen mir und dem Ausgang unseres Fluchtvorhabens.

Nichts mehr. Erst jetzt wurde mir so ganz und vollends deutlich, dass die Sache ja nicht einfach nur geplant, sondern auch zu Ende geführt werden musste. Dass es einen endgültigen Plan und ein endgültiges Datum geben musste. Und dass dies nicht mehr weit weg sein konnte, denn Tom, Thomas und Bernd standen im Abitur und hatten dann nicht mehr viel Zeit, bis sie »zur Fahne« mussten …

»Süddeutsche Zeitung«, Samstag, 11./Sonntag, 12. Mai 1974

Ost-Berlins »Helden an der stillen Front«

Die Bundesrepublik ist unter den westlichen Industriestaaten nach wie vor ein »beliebtes Land« für östliche Nachrichtendienste, das hat nicht erst der Fall Guillaume bewiesen. Die Zahl der erkannten Spione sinkt immer mehr, doch die Zahl der von östlichen Geheimdiensten angeworbenen Agenten steigt. An der Spitze der östlichen Auftraggeber steht die DDR.

»Süddeutsche Zeitung«, Freitag, 17. Mai 1974

Wieder Fluchtversuch gescheitert

… DDR-Grenzsoldaten hatten nach Beobachtungen einer West-Berliner Zollstreife drei Schüsse auf einen etwa 50-jährigen Mann abgegeben, der versucht hatte, vom Ost-Berliner Bahnhof Friedrichstraße über die Bahngleise nach West-Berlin zu flüchten …

Aus dem »Ding« wurde Ernst, aus Nervenkitzel Angst. Die Sache mit Tom begann, mich zu quälen. Denn langsam dämmerte mir, was es bedeuten würde, das Vorhaben zu Ende zu führen – auch für mich. Nichts anderes beschäftigte mich mehr. Immer öfter auch in meinen Träumen. Dann wachte ich auf, schweißgebadet, weil es schiefgegangen war. Weil man uns verhaftet hatte. Weil alles vergeblich gewesen war, weil wir dieses oder jenes nicht bedacht hatten. Und dann, wenige Tage, bevor wir wirklich aufbrachen, um die drei zu holen, wachte ich davon auf, dass sie schossen. Oder doch schießen wollten. Auf mich, auf sie. Und schließlich, ganz am Ende, im letzten Traum vor der Reise, war es dann so weit: wir wurden hingerichtet. Und dieses eine Mal wachte ich nicht vorher auf, sondern erst, als die Schüsse fielen. Mit irgendeiner Wirklichkeit hatte das nichts zu tun. Aber mit dem Alp, der mich drückte.

Es war in dieser Zeit, als ich in der Hangweide aufgehört hatte und auch wieder zu Hause lebte, dass ich die Veränderung nicht länger verbergen konnte, die mit mir vorging. Natürlich glaubte ich, es souverän überspielen zu können – aber meinen Eltern konnte ich nichts vormachen. Eltern kennen ihre Kinder sehr genau.

Sie sorgten sich um mich, aber sie sagten es mir nicht. Sie respektierten, dass es wohl etwas gab, was ich ihnen nicht sagen wollte. Und so warteten sie, dass ich das Gespräch mit ihnen suchte. Doch ich behielt alles für mich – denn ich wollte ja niemand anderem Sorgen bereiten, wollte so wenige andere Menschen wie möglich belasten. Was als Rücksicht gedacht gewesen war, wurde zur fixen Idee. Nur ein Außenstehender hätte sie noch in Zweifel ziehen können. Ich selbst konnte längst nicht mehr angemessen mit meiner Belastung umgehen.

»Hast Du ein Problem? Willst Du darüber reden?« So direkt wollten es die Eltern nicht angehen. Doch fürchteten sie längst, ich könnte in größeren Schwierigkeiten stecken. Weil sie einer Lösung die beste Chance geben wollten, spielten sie über Bande.

Ein strahlend blauer Sommerhimmel über der Schwäbischen Alb. Ausflug ins Wental, wo die Dolomitblöcke wie hingeworfene Bauklötze verstreut liegen. Die Eltern, ich und Heidi, meine ältere Schwester. Sie nutzt die Gelegenheit. Ich sei so anders in letzter Zeit, wirke bedrückt und in mich gekehrt. Die Eltern sorgten sich. Ob ich etwas ausgefressen habe und nicht darüber sprechen könne. Oder wolle. Ob ich Schwierigkeiten mit der Polizei habe … Ich wisse doch, dass immer noch der alte Grundsatz gelte: Keine Dummheit ist so groß, dass man sie nicht wieder in Ordnung bringen kann. Ich könne mit allem ankommen. Vielleicht wolle ich nur ihr …

Es fällt ihr nicht leicht, so mit mir zu reden. Unser Verhältnis ist gut – aber auf dieser Ebene hat es sich nie bewegt. Sie ist eben die große Schwester, die aus dem Haus ging, als ich zehn war, acht Jahre älter, und nun ist sie längst berufstätig und verheiratet.

Ihr Vorstoß erschreckt mich. Das hatte ich nicht bedacht. Erst in diesem Moment wird mir klar, dass die Belastung, die auf mir liegt, derart nach außen sichtbar ist und zur Belastung anderer wird. Aber dass man denken könnte, ich hätte etwas angestellt … Nun gut, was sollten die Eltern sich auch sonst denken?! Dass ich meinen Vetter aus der DDR holen will?!

Nein, darüber wollte ich auch jetzt nicht reden. Aber ich versicherte Heidi: Ich habe mir nichts zuschulden kommen lassen. Ich habe keine Dummheiten gemacht. Aber da gibt es etwas, damit muss ich allein fertigwerden. Aber es wird bald vorbei sein und dann wird alles gut sein und ich werde darüber reden können. Aber wirklich: Nichts Schlimmes, sie brauchen sich bestimmt nicht zu sorgen. Das ist sehr lieb, dass sie mir helfen wollen. Aber das Beste ist, ich bringe die Sache allein zu Ende. Ja, ich weiß, was ich tue.

Heidi merkte, dass es besser war, nicht weiter in mich zu dringen. Meine Antwort beruhigte, aber sie beunruhigte auch.

Ich wusste es. Aber ich sah keine Alternative. Ich sah den Tunnel vor mir, durch den ich hindurchmusste. Und ich dachte: Wenn wir alles richtig machen, wird am Ende Licht sein.

Sich nichts zuschulden kommen lassen? Wie war es denn damit? War Passfälschung etwa erlaubt? Natürlich, auch das ging mir durch den Kopf. Aber es belastete mich nie, nicht einen Moment. Mir war bewusst, dass mein Handeln strafbar war. Aber ich wusste ohne jeden Zweifel, dass ich richtig, ja recht handelte – und dass ich jenseits von Recht und Gesetz entscheiden musste. Ich wusste, dass das, was ich tat, eine Frage des Anstandes und einer Moral war, die sich jenseits geschriebener Rechtsnormen definierte. Wie die DDR-Führung mit ihren Bürgern umging, das setzte jedes Recht außer Kraft. Gegen so viel Unmoral half nur eine höhere Moral. Ja, ich empfand es tief, und im Gespräch mit Burkhard, mit KaGe und mit Ede waren wir uns völlig einig: Wir sind im Recht. Und vor allem: Wir haben eine Pflicht. Und irgendwie schwirrte mir immer der Artikel 20, Absatz 4 des Grundgesetzes durch den Kopf, der nachträglich in die Verfassung eingefügt worden war, als 1968 die Notstandsgesetze verabschiedet wurden. Mit diesen Gesetzen wurden Bestimmungen in das Grundgesetz eingefügt, die die Handlungsfähigkeit des Staates auch in Zeiten schwerster Krise sicherstellen sollten. Der Widerstand gegen diese Grundgesetzänderung war erheblich gewesen, zu frisch war noch die Erinnerung an den Missbrauch der Verfassung am Ende der Weimarer Republik. Daher hatte man zusätzlich eben jenen Artikel 20, Absatz 4 hinzugefügt: »Gegen jeden, der es unternimmt, diese Ordnung zu beseitigen, haben alle Deutschen das Recht zum Widerstand, wenn andere Abhilfe nicht möglich ist.« Darüber hatten wir im Unterricht gesprochen. Genau das war es: Es gab ein Recht auf Widerstand. Und es galt für alle Deutschen, wenn ihnen ihre demokratischen Rechte versagt waren. Wie eben in der DDR.

Immer klarer zeichnete sich ab, wie die Flucht verlaufen sollte – nicht über die innerdeutsche Grenze, auch nicht über eine andere »grüne Grenze«, sondern als »reguläre Ausreise« über ein anderes sozialistisches Land. Über die ČSSR oder

Ungarn nach Österreich? Zu naheliegend. Damit mussten die sozialistischen Machthaber einfach rechnen.

Nein, die Flucht sollte so sicher wie möglich ablaufen. Mit gut gefälschten Papieren und »gegen die Erwartung«, also am besten: in die »falsche« Richtung. Nach Osten, nicht nach Westen. Und zugleich auf einer plausiblen Route. Wie konnte das aussehen? Ich kannte einen solchen Weg, 1972 hatte ich ihn genommen, auf der Rückkehr von meiner Zypernreise.

Schon auf der Insel hatte ich den Tipp bekommen, in Istanbul zum »Pudding-Shop« zu gehen. So, wie Istanbul die Brücke zwischen Europa und Asien bildete, so war der »Pudding-Shop« das Nadelöhr des »Hippie trails«, der von Westeuropa nach Kabul, Goa oder Kathmandu führte. Nicht allein ein Café, sondern der Knotenpunkt aller Kommunikation: Jugendliche jeder Nationalität verabredeten und trafen sich dort auf der großen Reise von West nach Ost und von Ost nach West. Die Wände waren übersät mit Zetteln: »George, I spent three days here waiting for you. I'm off to Teheran. Let's try to meet there. Love, Marcie.« – »Fahrer für PKW-Transporte nach Syrien gesucht. Fragt an der Bar nach Marcus.« – »Kabul: empfehle Siggis Restaurant. Deutsche Küche, nette Leute.«

Im »Pudding-Shop« hatte ich den Tipp bekommen, die Heimreise vom Stadtrand von Istanbul aus per Autostopp durch Bulgarien, Jugoslawien und Österreich zu versuchen. Auch erfuhr ich dort, wie ich zum bulgarischen Konsulat kommen konnte, um das erforderliche Transitvisum zu erhalten, und wie ich am besten an eine günstige Stelle am Stadtrand kam, um zu trampen. Diese Autostopp-Route war beliebt und frequentiert, gerne nahmen zurückreisende türkische

Gastarbeiter Jugendliche auf der langen Fahrt zurück nach Deutschland mit. Und so wollten wir es nun auch versuchen – in umgekehrter Richtung: Wir würden aus Tom, Thomas und Bernd drei westdeutsche Hippies machen, die per Anhalter durch den Balkan Richtung Istanbul und darüber hinaus unterwegs waren. Das war es, so konnte es klappen! Lange Haare hatten sie schon, die erforderliche Kleidung und Ausrüstung würden wir ihnen besorgen – fehlten nur noch falsche Pässe.

So konnte es klappen – wenn alles klappte. Wenn wir Pässe bekamen. Aber was für Pässe? Woher? Von wem? Wer sollte sie ändern? Fotos, Stempel, Personalangaben – konnte das klappen? Meine ersten Versuche hatten sich als wenig Erfolg versprechend erwiesen.

War der Weg wirklich gut? Wie sollten wir uns verabreden? Und wo?

Wir müssen uns dringend wieder treffen. Am 25. Mai in Ost-Berlin.

12

»Komm' Se mal mit!«

Seit der Sache mit Dehmelt war ich mir nicht mehr sicher, ob unsere Pläne in der DDR nicht bekannt waren, ob ich nicht mit Tom und den Freunden in eine Verbindung gebracht werden konnte, die ihnen, mir und unserem Vorhaben schaden könnte. Also war ich auf die Idee gekommen, mit KaGe gemeinsam nach West-Berlin zu fliegen – eine Fahrt über Land, auf der Transitstrecke, hätte ein zu großes Risiko bedeutet. KaGe sollte dann in den Osten fahren, sich mit den Freunden treffen und alles Weitere besprechen. KaGe war dazu selbstverständlich bereit gewesen – aber ganz ohne Hürden war eine solche Reise auch für ihn nicht: Seit Juli 1973 leistete er seinen Wehrdienst ab. Als Fernmelder des Verteidigungsministeriums galt er als »Geheimnisträger«. Also benötigte er eine Genehmigung, um in ein Land des Warschauer Pakts zu reisen. Und musste eine Sicherheitsbelehrung über sich ergehen lassen: »Wenn Sie an der Grenze zur Person befragt werden: nie mehr als Name, Dienstgrad und PK, ihre Personenkennziffer! Zu mehr Angaben sind sie nicht verpflichtet!«

21. Mai 1974. Per Autostopp aus Schwäbisch Gmünd ins Rheinland. Reisen per Anhalter – auch in Deutschland eine damals weit verbreitete Art für Jugendliche, von A nach B zu kommen. An jeder größeren Autobahnauffahrt standen wir, mit Rucksack und Pappschild: »Köln«, oder: »Holland«,

oder auch: »2 × Italien gegen BKB« – ›Benzinkostenbeteiligung‹.

Am 22. abends mit Freunden in Köln. Michael war es gelungen, Karten für ein Konzert von Georges Moustaki zu besorgen. Georges Moustaki – das waren Lieder voller Poesie über Liebe und Freiheit, Texte über Diktatur und Unterdrückung, die zur Empörung über das Obristen-Regime in Griechenland passten. Erst später wurde uns klar, dass der griechische Franzose nie in Griechenland gelebt hatte …

Es war ein schönes, ein gutes Konzert – doch die Stimmung war eigentümlich fremd: ein Konzertsaal mit nummerierten, plüschbezogenen Klappsitzen. Moustaki begann pünktlich, spulte sein Programm ab, sang im bürgerlichen Ambiente von Freiheit und Repression, erhielt Beifall, gab Zugaben, ging. Das wirkte plötzlich so unwirklich, so ganz anders als noch vor einem Jahr im Internat: Wo blieben die Sehnsüchte und Gefühle der langen Tonbandabende? Wie weit war das alles weg. Und wie wirklich war das plötzlich geworden: Freiheit, Diktatur, Unterdrückung, Gefängnis …

Am 23. Mai zu KaGe nach Bonn. In der Stadt offizielle Feiern. Musik, Stände, Luftballons. Die Passanten ließ das Geschehen erkennbar kalt. »25 Jahre Grundgesetz« – das Jubiläum berührte die wenigsten. Diese Verfassung, die eben bewusst nur ein »Grundgesetz« war, war doch ein Provisorium, wie der ganze westdeutsche Staat, wie die Teilung, wie die Abtrennung der »Ostgebiete«. So hatte es doch jeder in der Schule gelernt und die Politik hatte es 25 Jahre lang mantrahaft wiederholt. Warum denn dies jetzt plötzlich? Galt etwa auch der 17. Juni nicht mehr, der »Tag der deutschen Einheit«? Die

Unions-Opposition sah jedenfalls Anlass, im Parlament mit der sozialliberalen Bundesregierung über die Bedeutung des Tages zu streiten. Der »nationale Gedenktag«, der an den Volksaufstand von 1953 in der DDR erinnerte, erschien den einen als Mahnung daran, dass die Wiedervereinigung das Ziel aller deutschen Politik sein müsse. Die anderen hingegen sahen ihn als ein Relikt des »Kalten Krieges« – der weit davon entfernt war, zu Ende zu sein – und als eine Provokation angesichts einer Politik, die auf Annäherung und Entspannung bedacht war. Ein bisschen mehr Selbstbewusstsein und eigene Identität täte dem westdeutschen Staat überdies ganz gut, fand man. Da bot es sich geradezu an, den »25. Jahrestag der Verkündung des Grundgesetzes« festlich-fröhlich zu begehen. Auch wenn alles eben mehr offiziell und organisiert als spontan und begeistert wirkte.

Samstag, 25. Mai 1974, 09:00 Uhr. Flug mit KaGe von Köln nach Berlin-Tempelhof. Eine Maschine der »British European Airways« – nur die Alliierten durften nach Berlin fliegen, deutsche Fluglinien nicht. Noch galten besondere Hoheitsrechte. Unser Quartier im Jugendgästehaus am Schöneberger Ufer konnten wir noch nicht beziehen. Also Gepäck im Bahnhof Zoo deponieren, Stadtbummel. Für 20 Uhr hatten KaGe und die Freunde sich im Osten verabredet. Vorher würden die drei es nicht schaffen, nach Berlin zu kommen. Treffpunkt? Dort, wo man sich eben traf: an der Weltzeituhr am Alexanderplatz. Mehr und mehr war die DDR-Führung in jenen Jahren bemüht, Ost-Berlin ein hauptstädtisches Gepräge zu geben. Die »Weltjugendfestspiele« im Sommer 1973 waren ein weiterer guter Anlass gewesen. Die Neugestaltung des Alexanderplatzes war gut angekommen. Gerne trafen junge Menschen sich dort, und so hofften wir, KaGe und die Freunde würden in der Menge nicht weiter auffallen. Mit der S-Bahn fuhr KaGe aus dem Westen zum Ost-Berliner Bahnhof Friedrichstraße, wo es Tagesvisa zum Besuch der »Hauptstadt der DDR« gab. KaGe und die Freunde sollten sich besprechen, dann sollte KaGe möglichst bald zurückkommen. Für Sonntag hatten wir den Rückflug gebucht.

Frühzeitig hatte KaGe sich auf den Weg gemacht. Was konnte ich so lange machen? Berlin weiter zu Fuß erkunden. Ich war zum ersten Mal in der Stadt. Ganz in der Nähe unserer Unterkunft: der Bendler-Block. Historischer Ort des 20. Juli 1944, der Verschwörung gegen Hitler, die sich bald zum 30. Mal jähren würde. Ein Stück weiter: die trostlose Ödnis des Potsdamer Platzes. Vor dem Kriege einer der belebtesten Plätze Europas, standen hier gerade noch zwei Gebäude: die Reste des Hotels »Esplanade« und das einsam gelegene Weinhaus »Huth«. Ansonsten Wildnis. Dahinter die Mauer. Bald kehrte ich zurück, auf keinen Fall wollte ich KaGes Rückkehr verpassen. Gegenüber dem Jugendgästehaus lag ein Café, dort musste er vorbeikommen. Ein Kaffee, eine Zeitung. Noch ein Kaffee. Eine Cola. Und immer wieder ein Blick auf die Straße. Zunehmend unruhig. 21 Uhr. 22 Uhr. 23 Uhr. Er müsste doch längst wieder hier sein! Mitternacht. Wo blieb er nur? 00:00 Uhr war Schluss an der Grenze, spätestens dann musste man zurück! Was konnte bloß passiert sein?! Sie würden KaGe doch nicht … Hatten sie etwa Wind bekommen? Hatte ich den Freund ausgeliefert?

Kurz vor 01:00 Uhr tauchte KaGe auf, fröhlich und in bester Laune. Hatte gerade noch die letzte Bahn in den Westen erwischt. Schon bei der Einreise habe er seinen Spaß gehabt. Was er denn so mache, hätten ihn die Grenzer gefragt. – Auszubildender sei er. – Dieser Ausdruck, damals ganz neu im westdeutschen Sprachgebrauch (Lehrling sagte man nicht mehr), gefiel KaGe. – ›Ausbildungsbetrieb?‹ – ›Bundeswehr!‹ – Sauertöpfische Minen. ›Sie versuchen wohl, witzig zu sein? Also, dann erzählen Sie uns mal Näheres!‹ – ›Klaus Grille, Gefreiter, Personenkennziffer: …‹ – ›Darf's ein bisschen mehr sein?‹ – ›Klaus Grille, Gefreiter, Personenkennziffer: …‹ Nichts zu holen, er war im Recht. Einen Grund, ihm die Einreise zu verweigern, gab es nicht, man ließ ihn ziehen.

Da er schon nachmittags in Ost-Berlin gewesen war, hatte KaGe sich in den »Ratskeller« gesetzt. Am Nachbartisch junge NVA-Soldaten in Uniform. Das wäre im Westen ganz undenkbar gewesen: Jeder Wehrpflichtige schaute, dass er in seiner Freizeit so schnell wie möglich in seine Privatkleider kam. Die jungen Männer waren sozusagen »Kollegen« von KaGe. Dass sie im Ernstfall hätten aufeinander schießen müssen, spielte an diesem Abend keine Rolle: Rasch kamen sie ins Gespräch. »Ja, Wehrdienst ist blöd. Bei uns wie bei Euch.« – »Ach, und ein ›Maßband‹ habt Ihr auch, das ihr jeden Tag einen Zentimeter kürzer macht?«

Rasch hatte KaGe dann die drei Freunde gefunden. »Ich hab' sie aber erst mal voll auflaufen lassen!« KaGe feixte, als er mir davon erzählte. Sie wussten zwar, dass nicht ich, sondern ein Freund kommen würde, aber den kannten sie nicht. Sie hingegen waren für KaGe leicht auszumachen gewesen – aufgrund der Fotos, die ich in Karlsbad gemacht hatte. Also hatte er sich möglichst unauffällig genähert, um sich ihnen dann ganz unvermittelt zuzuwenden: »Na ihr drei: Woll'n wir mal Kegeln gehen?« Der ewige Internatsschüler …

Schnell hatten die Freunde sich von ihrem Schreck erholt. Sie hatten sich prima verstanden und gemeinsam einen wunderbaren Abend verbracht. Ich war so erleichtert, dass ich gar nicht mehr schimpfen mochte.

Mit der Bulgarien-Planung waren die Freunde sehr einverstanden. Aber es gab so Vieles zu bereden. Und das Beste wäre doch, ich würde es mit ihnen direkt und persönlich besprechen. »Ja aber …« – »Nix aber, sie sind sich absolut sicher, dass es ungefährlich für Dich ist. Da ist nichts durchgesickert. Bestimmt nicht.« – »Ja, aber …« – »Nein, wirklich. Glaub' mir. Ich hab' mich für morgen wieder mit ihnen verabredet. Außerdem haben wir heute den Münzkatalog vergessen.« Den hatten die drei erbeten, um zu wissen, welche Münzen im Westen gefragt waren. »Komm, gib Dir einen Stoss«

Ich gab mir den Stoss, ließ mich überreden.

Am nächsten Morgen Aufbruch in den Osten. Wie graues Blei hängt das Wetter über Berlin. Von Mai keine Spur. Die S-Bahn rollt vom Lehrter Bahnhof über die Spree in den Bahnhof Friedrichstraße, vom Westen in den Osten. Wir verlassen den Zug, bewegen uns mit der Schlange Richtung Einreisekontrollen.

Mich erfasst ein beklemmendes Gefühl. Wie bei der Einreise in die ČSSR. Nur intensiver. Dieses Ausgeliefertsein. Graue, kalte Gänge. Rechts und links blättert die blasstrübe Farbe ab. Fahles Neonlicht. Dieser widerliche Geruch von

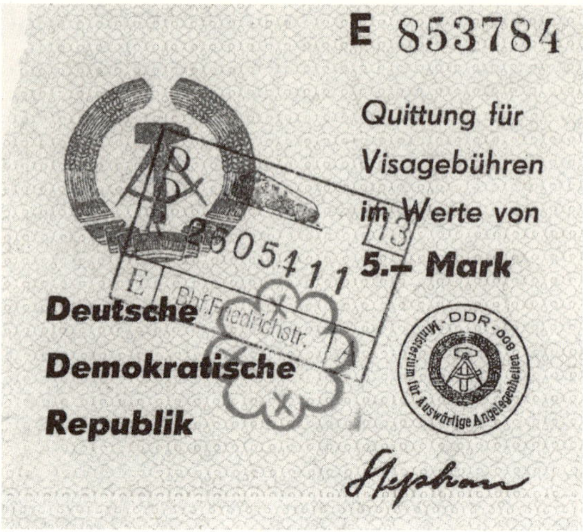

26. Mai 1974: Einreise über den Bahnhof Friedrichstraße zum Treffen in Ost-Berlin

»Wofasept«, dem in der DDR allgegenwärtigen, Lysol-ähnlichen Desinfektionsmittel. Grenzbeamte mit überlegenem Herrschaftsblick. Diese ganze Atmosphäre von Vorschriften, Willkür und Ungewissheit. Warum bloß habe ich mich darauf eingelassen? Jetzt gibt es kein Zurück mehr. Wenigstens ist KaGe dabei, das gibt Halt.

Die Schlange der Einreisenden schiebt sich langsam vorwärts, ein Kontrollposten kommt in Sicht. Aus der Beklemmung wird Angst. Jetzt werden die Menschen vor mir kontrolliert. Kalte Scheißfreundlichkeit. Pass greifen, Pass durchblättern, Passfoto mit dem Gesicht vergleichen. Der Pass verschwindet unterm Tresen. Listen, Stempel, Leuchten. Pass zurück. Der nächste.

Die Reihe ist an mir. Pass greifen, Pass durchblättern, Passfoto mit dem Gesicht vergleichen. Der Pass verschwindet unterm Tresen. Der Grenzer schaut minimal hoch, sein Blick wandert von mir zu KaGe. Dann, von unten her, in einem Tonfall äußerster Gleichgültigkeit, ohne nochmals aufzublicken: »Sie gehören zusammen?« – »Ja. Wieso …?«

»Dann komm' Se mal bitte mit.«

Danke. Das war's. Sibirien. Oder so ähnlich.

Hinter dem Kontrollposten öffnet sich eine Tür, ein Gang führt in den rückwärtigen Bereich. KaGe und ich werden getrennt, der eine wird links, der andere rechts in einen fensterlosen Raum geführt.

»Dürft' ich mal Ihre Tasche sehn'?« Ich habe eine schwarze Umhängetasche mit Schultergurt dabei, mit vielen Fächern und Reißverschlüssen. Flugticket, Portemonnaie, Stadtplan, … Dem jungen Grenzbeamten fällt nichts Verfängliches in die Hände, während er routiniert ein Verhör beginnt. Ein weiterer Grenzer hört mit. Personalien. Warum in Berlin. Warum im Osten. Wollen Sie jemand treffen. Welche Ziele. Was machen Sie so. Was macht Ihr Freund in der BRD. Warum ist er hier. Hat er das Gleiche vor. Woher kennen Sie sich. Und, und, und …

Eine Ewigkeit scheint zu vergehen. Und doch gewinne ich jetzt ein Stück Sicherheit zurück. Auf eine solche Befragung haben wir uns eingestellt. So leicht wollen wir uns nicht erwischen lassen. Dafür sitzen wir schon zu lange an unseren Planungen, dafür sind wir viel zu misstrauisch. Diesen Routinefragen hält die Geschichte stand, die wir verabredet haben. Studentenfreunde, Interesse an der Hauptstadt der DDR und ihren schönen Museen, Pergamonaltar, Fernsehturm, keine Verabredungen.

Der zweite Grenzer verschwindet. Abgleich der Aussagen, wie KaGe und ich später vermuten. Eine halbe Stunde geht das Ganze. Dann erhalte ich meine Tasche zurück: »Schönen Tach!«

Eine pure Routine-Überprüfung. Sie hatten gar nicht mich oder KaGe gemeint. Instinktiv hatten die Grenzer wohl gemerkt, dass es sich lohnen könnte, diesen beiden Jugendlichen einmal auf den Zahn zu fühlen. Keine verdächtigen Mitbringsel, keine Widersprüche in den Aussagen. Also: »Schönen Tach!«

So viel Routine, dass sie nicht mal meine Tasche sorgfältig durchsucht hatten. Ein Fach an der Rückseite, so groß wie die Tasche selbst, mit einem schmalen schwarzen Reißverschluss entlang der Außennaht hatte der lustlos wühlende Grenzer übersehen. Sein Inhalt hätte zumindest zu interessanten Fragen führen können: »Warum haben Sie denn 'nen Münzkatalog dabei? Was wollen Sie denn mit dem in der DDR?«

Glück gehabt. Mal wieder Glück gehabt. Oder einen Schutzengel …

Tom, Thomas und Bernd warteten am verabredeten Treffpunkt. Gingen ohne Begrüßung los, als sie KaGe und mich kommen sahen. Ohne allzu große Hast folgten wir ihnen. In einer ruhigen Seitenstraße ließen sie uns nach einiger Zeit aufschließen. Knappe Begrüßung im Laufen. Was wollen wir machen? Wenn wir in Bewegung sind, können wir uns am besten unterhalten. Gehen wir doch wirklich zum Pergamon-Altar. Also, auf zur Museums-Insel.

Ich entwickelte nochmals meinen Plan. Schilderte alle Überlegungen und Abwägungen. Also: Ihr macht nach dem Abi

Urlaub in Bulgarien, das geht. Wir besorgen drei gefälschte Pässe: mit Euren Fotos, Transitstempeln für Jugoslawien und einem Transitvisum für Bulgarien. Das gibt Euch 48 Stunden Zeit, das Land per Anhalter zu durchqueren. Wir treffen uns in Bulgarien, machen aus drei DDR-Abiturienten westdeutsche Hippies, bringen Euch zur ostbulgarischen Grenze und ihr reist mit den von uns mitgebrachten Pässen in die Türkei aus. Richtung Indien oder so. Das muss klappen!

Angespannt und konzentriert hörten die drei zu. Fragten nach, wägten ab. Doch, im Prinzip könnte das klappen. Die Planung war realistisch und der gewählte Weg – im Rahmen des Möglichen – sicher. Aber: Würden die Pässe überzeugen? Trauten wir es uns tatsächlich zu, die Pässe selber so zu fälschen, dass sie einer routinierten Grenzkontrolle standhielten? Ich schilderte meine bisherigen Versuche und Unternehmungen, versicherte, alles zu tun, damit die ganze Sache nicht am Ende an einer allzu plumpen Fälschung scheitern würde.

Wann soll es passieren? Wo wollen wir uns treffen? Tom und die Freunde hatten Anfang Juni ihre letzte Abiturprüfung. Dann konnten sie eine Urlaubsreise nach Bulgarien machen, Sonne und Meer, das leuchtet jedem ein. »Anfang Juli geht die Fußballweltmeisterschaft zu Ende. Ganz egal, wer dann im Endspiel ist: Das ist der ideale Zeitpunkt für die Ausreise. Dann haben selbst bulgarische Grenzer ihren Kopf mehr beim Fußball als bei ihren Kontrollen.« – »Treffen wir uns doch am Abend vor dem Finale. Wie wäre es an der Schwarzmeerküste?« »Ich habe mal Bilder von Nessebar gesehen. Da gibt es so eine Art Brücke, einen Verbindungsdamm zwischen Festland und Insel. Kann man gar nicht verfehlen.« »18 Uhr?«

Tom hatte wieder eine Goldmünze dabei. Ich nahm sie im Portemonnaie mit zurück, zwischen dem Kleingeld, und ließ dafür den Münzkatalog da.

Wir hatten noch Zeit bis zur Rückfahrt. »Kennst Du den Invalidenfriedhof?«, fragte Tom. »Da liegt doch Onkel Werner.« Ich kannte ihn nicht, schließlich war ich das erste Mal in Ost-Berlin. Das interessierte mich. Bald waren wir dort, nicht weit entfernt vom Bahnhof Friedrichstraße. Hinein kamen wir nicht. Mitten durch den Friedhof lief die Mauer.

Ein eigenartiges Gefühl: Dort, wenige Meter entfernt, ließ sich das Grab des berühmten Großonkels erahnen. Der von Hitler 1938 demontierte Oberbefehlshaber des Heeres war zu Beginn jenes Weltkrieges gefallen, in dessen Folge Deutschland geteilt worden waren. Und hier standen wir nun, Rüdiger und Tom, gemeinsam, aber noch durch die Mauer getrennt und hoffentlich doch bald im Westen vereint.

Rückfahrt nach West-Berlin, unbehelligt. Trostloses Wetter. Noch am Sonntag Rückflug nach Köln, tags darauf Fahrt mit KaGe nach Schwäbisch Gmünd. Weiter ging es an den Bodensee, es zog uns nach Salem, ins Internat. Freundinnen und Freunde, ein vertrauter Ort, eine heile Welt. So viele Begegnungen – noch kein Jahr war es her, dass wir hier Abitur gemacht hatten. Die langen, hallenden Gänge der alten Klosteranlage, unsere Zimmer mit den knarzenden Bodenbrettern, unsere Lehrer und Erzieher, die Jungen und Mädchen aus den unteren Klassen. Doch es war eben nicht mehr wie früher, als KaGe und ich dort selbst Schüler waren. Wir gehörten nicht mehr dazu und in wenigen Monaten hatten wir uns auch weit entfernt.

»Süddeutsche Zeitung«, Freitag, 31. Mai 1974

Flucht nach West-Berlin gescheitert

Unter den Kugeln von DDR-Grenzposten ist an der Grenze zu West-Berlin die Flucht einer Frau gescheitert …

»Süddeutsche Zeitung«, Dienstag, 4. Juni 1974

»Wir waren von Brandts Rücktritt selbst überrascht …«

Honecker für bessere Beziehungen zu Bonn

Interview mit dem SED-Chef

13

Millimeterarbeit

Wenn die Sache mit Tom einmal gelaufen war, wollte ich möglichst rasch zu meiner Weltreise aufbrechen. Auch die galt es vorzubereiten: Visa und Reiseinformationen, Impfungen und Ausrüstung. Soweit es ging, wollte ich die Reise nach Neuseeland auf dem Landweg durchführen. Eine solche Reise war ein exotisches Unterfangen, auch wenn immer mehr Jugendliche, vor allem aus Westeuropa, sich seit den späten sechziger Jahren aufmachten, den »Hippie trail« zu bereisen. Aber noch gab es lediglich einen einschlägigen Reiseführer: »Overland to Asia and beyond«. Ein schmales Bändchen, das weniger die Schönheiten der besuchten Länder beschrieb, als vielmehr praktische Hinweise gab: Schwierigkeiten beim Grenzübertritt, günstige Hotels, Warnungen vor drakonischen Strafen mancher Länder bei Drogenkonsum.

In Kabul solle man mittwochnachmittags ins »Taukif« gehen, das städtische Gefängnis, dann sei dort Besuchszeit. Auf dem Hof könne man mit Landsleuten und anderen Ausländern ins Gespräch kommen, ihnen Obst und Läusepulver mitbringen und sich erkundigen, ob man sonst etwas für sie tun könne. Das Reisen in Vietnam sei wegen des andauernden Krieges ausgeschlossen. Je nach weiterer Entwicklung werde man möglicherweise auch Laos und Kambodscha bald nicht mehr besuchen können.

Das Schneiden der Stempel war die Arbeit, auf die ich die meiste Übung und die meiste Zeit verwendete

Nach außen hin war es die bevorstehende Weltreise, die mich nun in Schwäbisch Gmünd beschäftigte. Viel mehr aber nahm mich die Vorbereitung der Flucht in Anspruch. Ich fuhr nach Ulm zum »Südwest-Versand«, einem auf Pfadfinderausrüstung und Touren spezialisierten Kaufhaus. Dort gab es genau den Rucksack und jenen Schlafsack, die ich für die Weltreise brauchte – aber eben auch jene Seesäcke und Kochgeschirre, die drei langhaarige Jugendliche bei sich führten, die per Autostopp über den Balkan in die Türkei und weiter reisten …

Im Übrigen versank ich in der Welt von Ausweispapieren, Stempeln und Fotos. Der Entschluss, die Pässe selbst zu fälschen, setzte in mir ungeahnte Energien frei. In mir wuchs der Ehrgeiz, die Fälschung so perfekt wie möglich zu machen. Stunde um Stunde saß ich mit größter Konzentration an immer neuen Versuchen, meine Verfahren zu perfektionieren.

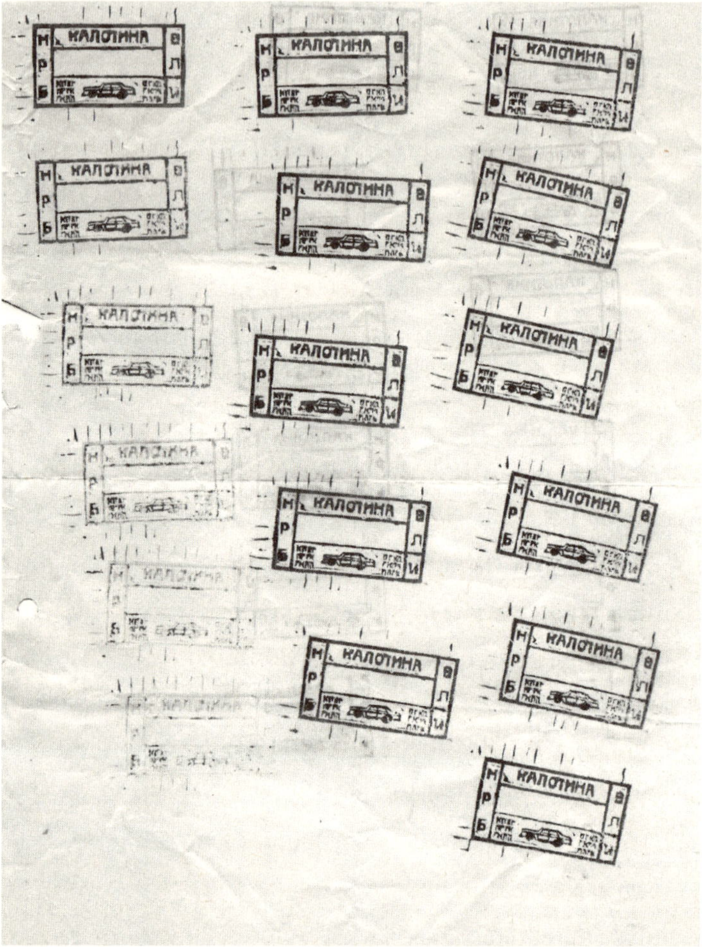

Zu Beginn ging es darum, die Nachfertigung überhaupt dem Original anzunähern. Das gelang mit der Zeit immer besser

So viel intensiver Arbeitseinsatz hätte ein Jahr zuvor auch der Abiturvorbereitung gutgetan – es war eben alles eine Frage der Motivation.

Schließlich gelang es mir, das Verfahren der Stempelfälschung weitgehend zu perfektionieren. Ausgangspunkt war der Stempelabdruck eines bulgarischen Transitvisums, der sich seit meiner Zypernreise in meinem Reisepass befand – glücklicherweise in guter Ausführung. Über diesen Originalabdruck legte ich ein festes, transparentes Zeichenpapier und fixierte es mit kleinen Tesafilm-Streifen vorsichtig im Pass. Mit einem »Rotring«-Tuschezeichner dünnster Strichstärke und einem Geo-Dreieck zeichnete ich den Stempel auf dem Papier nach. Der bulgarische Stempel maß lediglich 42 mal 28 Millimeter, die meisten seiner Linien waren einen halben Millimeter stark, einzelne noch dünner. Daher kam es bereits beim Kopieren darauf an, ihn so präzise wie möglich abzubilden. Um keine Besonderheit des Stempels zu verfälschen, zog ich genau die Innenlinien der Konturen nach.

Hatte ich den Abdruck auf dem Transparentpapier nachgezeichnet, löste ich dieses vorsichtig wieder aus dem Pass heraus. Anschließend brachte ich die so gefertigte Kopie seitenverkehrt auf der Wachsschicht eines Matrizenbogens an.

Matrizenbögen waren eine Besonderheit der Zeit, bevor die modernen Fotokopiergeräte Verbreitung fanden. Sie wurden verwendet, um Texte oder Zeichnungen auf einfachen Druckmaschinen in kleinerer Stückzahl zu vervielfältigen. In jeder Schule standen solche Maschinen, die Fragebögen jeder Klassenarbeit wurden auf diesem Wege hergestellt: Lila Schreibmaschinenschrift auf leicht gelblichem, saugfähigem Papier. Ein süßlicher Geruch von Spiritus ging von ihm aus, untrennbar verbunden mit missratenen Mathematikarbeiten und nicht ausgefüllten Antwortzeilen der Vokabeltests.

Diese Matrizenbögen bestanden aus einem Blatt Spezialpapier, hinter dem eine Folie angebracht war. Auf dieser war eine dünne Schicht wachsartiger Farbe aufgebracht. Die besonders feine Konsistenz dieser lilafarbigen Wachsschicht nutzte ich nun, um die Stempelvorlage herzustellen: Das Transparentpapier wurde auf die Wachsschicht gelegt und die Kopie des Stempelabdrucks mit einem spitzen, scharfen Stift nachgezeichnet. So ergab sich auf der Unterseite des Transparentpapiers eine seitenverkehrte »Druckvorlage« aus lila Wachsfarbe. Nun war es fast ein leichtes, diese auf dem Trägermaterial anzubringen, aus dem der Stempel anschließend geschnitten wurde: die Wachsfarbe drückte sich – immer noch spiegelverkehrt – in die Stempeloberfläche. War diese dann einmal geschnitten, ließ sich hiermit ein seitenrichtiger Stempelabdruck erzeugen.

Länger hatte ich experimentiert, um ein geeignetes Material zu finden, aus dem sich der eigentliche Stempel schneiden ließ. Einen Teil des bulgarischen Einreisestempels – lediglich die Außenkonturen, ohne Buchstaben und andere Angaben – hatte ich zunächst einmal in einem Spezialgeschäft in Schwäbisch Gmünd in Auftrag gegeben. Sicherheitshalber unter falschem Namen – falls jemand meinen sollte, ich sei vielleicht dabei, Stempel zu fälschen. Leider war das Ergebnis unbefriedigend gewesen: Sowohl die Außenmaße des Stempels als auch die Linienbreiten unterschieden sich leicht vom Original. Und bereits geringste Abweichungen, da war ich mir sicher, würden dem geübten Blick eines bulgarischen Grenzbeamten nicht entgehen. Also gab ich diesen Weg auf. Reklamieren wollte ich die misslungene Nachfertigung nicht – aus der Sorge heraus, Misstrauen zu wecken.

In der Hangweide hatte ich einen Drucker kennengelernt und diesen möglichst »harmlos« über Nachfertigungen per Druck oder mit ähnlichen Verfahren ausgefragt. Alles aussichtslos.

Also musste ich den Stempel vollständig selbst fertigen. Meine ersten Experimente mit Linoleum und Schuhsohle, mit Ei und Kartoffel hatten nicht die gewünschten Ergebnisse gebracht: Das Material war zu spröde, zu hart oder zu weich oder es nahm die Stempelfarbe nicht richtig an oder es ließ sich nicht exakt genug schneiden. Es dauerte längere Zeit, bis ich auf ein Material kam, das ich bei meinen Experimenten eigentlich täglich in den Händen hielt: ein Radiergummi.

Die klassischen blau-roten Radiergummis, wie sie damals üblich waren, hatten sich ebenfalls als untauglich erwiesen. Zu grob. Doch unlängst war eine neue Sorte Radiergummi auf den Markt gekommen: von milchig-durchscheinender Farbe und einer gleichmäßig weichen Konsistenz. Die erlaubte feinste Einschnitte und gab jede noch so kleine Kontur exakt wieder. Wie sich rasch zeigte, war sie überdies hervorragend geeignet, Stempelfarbe sowohl aufzunehmen als auch abzugeben. Nicht beliebig oft, denn das Material saugte sich voll, aber für einige Probedrucke und die »Originale« reichte es. Auch gab es solche Radiergummis in einer idealen Größe, wenig größer als der Stempel selbst.

Der schwerste Teil der Arbeit: das Schneiden des Stempels

Die mithilfe der Wachsmatrize erzeugte Kopie legte ich auf die glatte Oberfläche des Radiergummis und drückte sie vorsichtig an. Dort erschien nun ein spiegelverkehrtes Abbild des Stempels, ohne irgendwie verzerrt oder verfälscht zu sein; kein noch so kleines Detail fehlte.

Hatte ich diesen mehrfachen Kopiervorgang – Pass-Transparentpapier-Wachsmatrize-Radiergummi – erfolgreich durchgeführt, begann der schwerste Teil der Arbeit: das Schneiden des Stempels. Für diesen Zweck hatte ich mir im Lauf der Zeit in Geschäften für Künstlerbedarf geeignetes Handwerkszeug zusammengekauft: vor allem feinste Federmesser, wie sie auch im Modellbau verwendet wurden. Ihre Klingen waren austauschbar und besaßen kleine und kleinste Schnittflächen. So war es möglich, jeden Winkel des Stempels exakt nachzuschneiden.

Das Schneiden des Stempels war die Arbeit, auf die ich die meiste Übung und die meiste Zeit verwendete und die meiste Konzentration verlangte. Die Außenkonturen des rechteckigen Stempels waren mit glatten Schnitten längs eines angelegten Metalllineals noch relativ einfach auszuführen. Doch bereits bei den Innenlinien kam es darauf an, den Schnitt auch nicht den Bruchteil eines Millimeters zu weit zu führen: der spätere Stempelabdruck verriet alles – jede unsauber geschnittene Kante, jede auch nur leicht gekappte Ecke, jede durchtrennte Zwischenlinie.

Als wirklich schwierig erwiesen sich die kyrillischen Buchstaben, deren Bedeutung ich auch nur teilweise verstand: »КАЛОТИНА« – »Kalotina« war der Name des Grenzübergangs, über den die drei »einreisen« würden, »Н Р Б« – »N R

B« stand vermutlich für »Volksrepublik Bulgarien« – aber was mochten die winzigen, einem Millimeter hohen Buchstaben rechts und links des Autos bedeuten, das die Mitte des Stempels zierte? Je vier nebeneinander, drei Reihen übereinander: »К П П Г – П П Г К – Г К П П; П Г К П – Г К П П – П П Г К«. Ein Rätsel – vor allem aber eine Qual. Was sie zu sagen hatten, war letztlich gleichgültig – wichtig war allein, dass es mir gelang, sie alle so exakt wie nur irgend möglich zu schneiden, mit allen Winkeln und Querstrichen.

Und dann das Auto! Eine 15 Millimeter lange, 4 Millimeter hohe Seitenansicht eines PKW, moderner als alles, was mit bulgarischem Kennzeichen unterwegs war. Wesentliche Konturen – Karosserie, Türen, Fenster – in doppelter Linienführung, zwei Striche auf dem Raum eines halben Millimeters. Dazu zwei kreisrunde Räder, ebenfalls in doppelter Linienführung. Alles nur aus der freien Hand zu schneiden. Doch hier, merkte ich, dürfte ich mir minimale Ungenauigkeiten erlauben: Die verschiedenen, mir im Lauf der Zeit vorliegenden Originalabdrucke zeigten, dass der Stempel beim Abdruck hier schon einmal verrutschte und verschmierte.

Eine große Erleichterung bedeutete es, dass ich im Handel einen Datumsstempel fand, der exakt jenem entsprach, der im bulgarischen Transitstempel verwendet wurde. Er musste lediglich mit großer Genauigkeit an der dafür vorgesehenen Stelle eingefügt werden. Nicht lösbar war ein anderes Problem: In der rechten unteren Ecke des Stempels war eine zweistellige Zahl angebracht, die von Mal zu Mal variierte und die offenkundig auf den abfertigenden Grenzbeamten verwies. Schließlich beschloss ich, eine beliebige Zahl zu wählen, die in einem der Originale auftauchte. Ich setzte einfach darauf, dass das bulgarische System nicht so perfekt war, dass jeder Grenzbeamte bei der Ausreise jederzeit wusste, welche Kollegen auf der anderen Seite des Landes bei der Einreise vor 24 Stunden Dienst getan hatten.

Ich übte, übte und übte. Zeichnete, kopierte, übertrug und schnitt. Radiergummi um Radiergummi, Stempel um Stempel. Zu Beginn ging es darum, die Nachfertigung überhaupt dem Original anzunähern. Das gelang immer besser. Ich entwickelte exakte Zeichen- und Schnitttechniken, die es mir erlaubten, kleinste Details originalgetreu wiederzugeben. Als ich meine Technik schließlich, so gut es irgend ging, perfektioniert hatte, bestand die Herausforderung darin, einen Stempel vollständig zu Ende zu schneiden, ohne einen Fehler zu machen. Unterlief mir bei den letzten Begradigungen und Bereinigungen ein Missgeschick, war die Arbeit fast eines Tages umsonst. So lange dauerte ein vollständiger Arbeitsgang, vom anfänglichen Kopiervorgang bis zum ersten Abdruck mit dem neuen Stempel.

Um fehlerfrei arbeiten zu können, brauchte ich vollständige Ruhe und Konzentration. Ich betrachtete den Abdruck des Stempels auf dem Radiergummi und stellte mir vor meinem inneren Auge exakt den Schnitt vor, den ich als Nächstes würde vornehmen müssen: Wo setze ich in welchem Winkel ein, wie weit ziehe ich Hand und Arm, wie nehme ich das Messer wieder heraus? Dann hielt ich den Atem an, setzte das Messer ein und führte den Schnitt aus. Pause, Luft holen. Wieder konzentrieren, den nächsten Schritt überlegen, Luft anhalten, durchführen. Pause, aufstehen, die Finger ausschütteln, die Augen wandern lassen, entspannen. Mit der Zeit entwickelte ich geradezu eine gewisse Routine; mein »Meisterstück« dauerte schließlich, von der ersten Kopie bis zum ersten Abdruck, einschließlich Austausch des Passfotos, acht Stunden.

Der Abdruck: zweifarbig, blau-lila, längs geteilt. Kein wirkliches Problem. Jedes bessere Schreibwarengeschäft führte Stempelfarben zum Nachfüllen in Flaschen und ungetränkte Stempelkissen für Kunden, die sich ihre eigene Farbe mischen wollten. Die Stempelfarbe war Burkhards Dossier. Es kostete ihn einige Versuche und einige Stempelkissen, bis er wusste, wie man die beiden Farben so in das Stempelkissen laufen lassen musste, dass man den gewünschten zweifarbigen Abdruck erreichte. Auch hier zeigte sich allerdings: Der Effekt ließ sich in diesem Verfahren nur eine begrenzte Zeit lang erzielen, dann verliefen die Farben mehr und mehr in der Mitte und vermischten sich zu einem undefinierbaren Dunkellila.

Fast schon zum Nebenprodukt geriet der jugoslawische Transitstempel: ein einfacher Rahmen, der den Namen des Einreiseortes enthielt – »Ljubelj«, »Loibl-Pass« – und eine Zahl sowie das Datum, auch dieses mit einem gängigen Stempel anzubringen, wie er im Handel zu erwerben war. Das alles war in schlichtem Schwarz gehalten und meist sehr ungenau im Pass abgedruckt.

Woher nahmen wir die Pässe? Burkhard und ich hatten eine Liste guter, zuverlässiger Freunde erstellt, die wir nacheinander ansprechen wollten. Und es zeigte sich, dass jeder, den wir baten, spontan bereit war, uns zu helfen – auch wenn es für jeden Scherereien bedeutete: Der Pass musste später als verloren gemeldet und neu beantragt werden. Allerdings mussten wir bei unserer Auswahl auch darauf achten, dass Alter, Größe, Haar- und Augenfarbe zu jenem der Freunde passte. Das Ausstellungsdatum des Passes musste überdies in etwa zum Alter der Fotos passen, die wir von den drei Freunden hatten. Zum Glück war es den dreien gelungen, jeweils zwei Fotos unterschiedlichen Alters aufzutreiben. Ich hatte diese abfotografieren und von den neuen Negativen Abzüge machen lassen.

Anfangs hatten wir erwogen, darauf zu verzichten, die Fotos in den Pässen auszutauschen. Doch bald wurde uns klar, dass das Risiko zu groß war. Selbst bei älteren Pässen mit jugendlicheren Fotos der Inhaber musste einem geübten Grenzbeamten die mangelnde Übereinstimmung auffallen. Auch Tom und seine Freunde waren skeptisch. Deshalb hatte ich sie bei unserem Treffen in Karlsbad fotografiert. Diese Aufnahmen hatten sich jedoch als untauglich erwiesen: zu offensichtlich bei Gelegenheit und im Freien entstanden, im Winteranorak und vor unpassendem Hintergrund, keine Fotostudioqualität wie damals üblich. Zudem waren diese Aufnahmen ganz aktuell. Also mussten echte Passfotos her, am besten ältere. Burkart von Wilucki brachte Bilder der drei mit in den Westen, als er sich Ostern mit Bernd in Schwerin traf.

Wie tauscht man ein Foto in einem Pass aus? Deutsche Meldeämter verwandten bereits damals erhebliche Mühe darauf, Pässe vor Fälschern zu schützen. Also wurden die Bilder – »Halbprofil, linkes Ohr frei« – zunächst in den Pass eingeklebt, dann mit zwei runden Metallösen befestigt und schließlich mit dem Stempelaufdruck, der Bild und Seite zusätzlich verband, noch einmal gesichert.

Wir brauchten möglichst viele verschiedene Fotos der drei

Diesen Vorgang galt es rückgängig zu machen: Durch die Öse führte ich einen genau passenden Stab – für diesen Zweck hatte ich mir einen Bleistift zurechtgespitzt. Über diesen rollte ich die Öse, von der Rückseite des Passbildes her, zu dem auf, was sie eigentlich war: zu einem schmalen Messingröhrchen. Dieses konnte ich anschließend aus dem Bild herausziehen. Bis hierhin war das Verfahren auch in Simmels Agentenroman beschrieben. Schwieriger aber war es, das Bild von der Passseite abzulösen: Hier ließen mich Simmels scheinbar professionelle Fälschertipps einmal mehr im Stich. Zwar erwies sich der »Pinsel aus Rotmarderhaar, Größe Null«, der dort empfohlen wurde, als ein besonders feines Arbeitsgerät – aber das Lösungsmittel, das damit aufgetragen werden sollte, um das Foto aus dem Pass zu entfernen, wurde bei Simmel lediglich als »geheimnisvolle Flüssigkeit«, ein anderes Mal als »stark riechender Inhalt eines Fläschchens« beschrieben. Das half mir nicht wirklich weiter. So erkundigte ich mich in einem Fotogeschäft, wie sich eingeklebte Bilder aus alten Alben herauslösen ließen. »Nitroverdünnung«, lautete die Empfehlung, doch diese beeindruckte den deutschen Verwaltungsklebstoff herzlich wenig – das Bild löste sich nicht ab. Auch zeigte sich, dass die verwendeten Chemikalien leicht verräterische Spuren im Pass hinterließen. Also verlegte ich mich darauf, das Bild aus dem Pass herauszuschneiden. Das allerdings durfte natürlich nur waagerecht geschehen, parallel zur Oberfläche: Schicht für Schicht trug ich den Fotokarton mit einem Federmesser ab. Auch hier galt: ein Schnitt zu viel oder zu tief und die Seite wäre durchtrennt, der Pass unbrauchbar gewesen. Leichte Reste konnten stehen bleiben, denn das neue Bild wurde darüber geklebt.

Dieses befestigte ich zunächst provisorisch mit Tesafilm im Pass, zeichnete dann von der Rückseite aus die Öffnungen für die Ösen auf und markierte auf der Vorderseite die Ansatzpunkte für den Stempelaufdruck. War dieser Stempel geschnitten, brachte ich ihn auf dem – wieder aus dem Pass herausgelösten – Bild an und schnitt mit einem Federmesser die Löcher für die Ösen. Klebte das Bild schließlich im Pass, brachte ich mit einer Lochzange neue Ösen an. Für diesen Arbeitsgang kam mir die Mode der Zeit entgegen: Die Kleidung Jugendlicher hatte damals nach Möglichkeit besonders ausgefallen und individuell zu sein. Also wurde sie gerne selbst gestaltet oder verändert. Badewannen wurden mit Batikfarbe gefüllt, um T-Shirts zu färben, Pullover wurden bevorzugt selbst gestrickt – gerne auch als Geschenk, das man dann mit guter Miene tragen musste. Gürtel wurden selbst gefertigt und Lederkleidung mit Nieten und Ösen verziert. Und dafür nahm man genau solche Lochzangen, wie ich sie nun für meine Passfotos brauchte.

Einer der Pässe, der schließlich verwendet werden sollte, wartete mit einer neuen Herausforderung auf: Das Bild war nicht mit Ösen im Pass befestigt, sondern eingestanzt: am rechten und linken Bildrand waren Einkerbungen angebracht, nicht unähnlich einer Reifenspur im Schnee, die das Bild mit dem Pass verbanden. Nach einigen Überlegungen und Versuchen ließ sich auch dieses Problem lösen: Die »Reifenspur« war exakt so breit wie ein normaler Elektro-Schraubenzieher. Einen solchen kerbte ich mit einer kleinen Feile so ein, dass sich das gewünschte Profil ergab. Ohne großen Aufwand ließ sich dieses nun mit leichten Hammerschlägen in das neue Foto einstanzen.

Die Stempel auf den Fotos: In jener Zeit wurden die Pässe noch nicht zentral von der Bundesdruckerei gefertigt, mit Foto und Personenangaben auf einer in Kunststofffolie eingeschweißten Seite. Jede Gemeinde hatte Blanko-Formulare vorrätig und stellte Pässe selbst aus. Mehr oder weniger deutlich war auf den Passbildern daher ein Ausschnitt des Rundstempels der ausstellenden Gemeinde zu sehen, möglicherweise mit Wappenteilen und Buchstaben des Ortsnamens. Solche Stempel ließen sich nur aus freier Hand abzeichnen und nachschneiden.

Leider gingen immer mehr Gemeinden dazu über, statt eines Gummistempels auf den Passfotos einen Prägestempel anzubringen. Nach einigen Experimenten gelang es aber, auch diese in etwa nachzuarbeiten: Mit Nägeln, Nadeln und einem Hammer stanzte ich das Profil in die Rückseite der neuen Fotos – aber der Aufwand war groß und das Ergebnis nicht wirklich befriedigend.

Es war in jenen Tagen, dass die beiden deutschen Staaten ihre Beziehungen formalisierten: »Ein steifes Zeremoniell umrahmte am Donnerstag die Übergabe des Beglaubigungsschreibens durch den Ständigen Vertreter der Bundesrepublik in Ost-Berlin, Günther Gaus, an den DDR-Staatsratsvorsitzenden Willi Stoph«, meldete die »Süddeutsche Zeitung« am 21. Juni 1974.

Gehörte in diesen Zusammenhang, dass nun auch im Westen Fluchthelfern ihre Grenzen aufgezeigt wurden? Die Nachrichtenagentur »Associated Press« berichtete am 10. Juni 1974: »Seit Inkrafttreten des Handelsabkommens und der Reise- und Besuchsvereinbarungen mit der DDR vor zwei Jahren sind in Berlin 48 Verfahren wegen strafbarer Handlungen im Zusammenhang mit Fluchthilfe eingeleitet worden. Wie Justizsenator Horst Korber vor der Presse mitteilte, wurde in erster Linie wegen Betruges, Ausweispapierfälschung, Freiheitsberaubung und Erpressung ermittelt.«

»Süddeutsche Zeitung«, Samstag, 22./Sonntag, 23. Juni 1974
Grenzzwischenfall an der Mauer. *Berlin (dpa)*
DDR-Soldaten haben an der Berliner Mauer einen Flüchtling niedergeschossen und nach Vermutungen westlicher Beobachter getötet.

14
Nessebar

Am 22. Juni 1974 brach ich per Autostopp noch einmal zu einer letzten Testfahrt auf, um mir die Einzelheiten der Strecke und des Ablaufs der Flucht vor Ort genau anzuschauen. Pfingsten waren bereits Burkhard und Ede Weig zu einer solchen Fahrt unterwegs gewesen, bis hin zur türkischen Grenze. Wir prägten uns Straßen, Verkehrsverhältnisse und Eigenarten der bulgarischen Sicherheitseinrichtungen ein: Kontrollposten, Verhalten der Polizei, die Grenzanlagen …

Das Reisen per Anhalter war um diese Jahreszeit schon schwieriger geworden, in großer Zahl standen Jugendliche an den Straßen und hofften, mitgenommen zu werden. Am ehesten versprach es Erfolg, auf den Parkplätzen der großen Autobahnraststätten und an den Grenzübergängen LKW-Fahrer anzusprechen. Sie hatten meist Platz und freuten sich über Gesellschaft.

Von München reiste ich über Österreich nach Jugoslawien und durch Jugoslawien hindurch bis zur bulgarischen Grenze, die östlich der serbischen Ortschaft Dimitrovgrad lag. Kurz vor den Kontrollen verließ ich den LKW, der mich mitgenommen hatte, und überquerte die Grenze zu Fuß. Das war üblich: Die Autofahrer wollten mit den Scherereien nichts zu tun haben, die die ihnen unbekannten Mitreisenden vielleicht haben würden. Das galt vor allem auch in Ost-West-Richtung:

Kein Speditionsfahrer oder türkischer Familienvater mochte für die Haschisch-Vorräte zur Verantwortung gezogen werden, die ein Pärchen hoffte, aus Kathmandu nach Hause schmuggeln zu können.

So gut das ohne aufzufallen ging, registrierte ich alle Abläufe, vermutliche Routinen und Besonderheiten der Kontrollen dies- und jenseits der jugoslawisch-bulgarischen Grenze. Besonders natürlich auf bulgarischer Seite, die bei der Einreise wesentlich genauer prüfte als die jugoslawische bei der Ausreise. Das Transit-Verfahren hatte sich gegenüber den vergangenen Testfahrten nicht geändert. Auch die Einreisestempel waren gleich geblieben, wie ich feststellte, sobald ich meinen Pass unbemerkt begutachten konnte: Auf einer der mittleren Seiten meines Passes war rechts unten ein Stempelabdruck angebracht worden, in gewohnter Färbung – oben blau, unten lila – und in vertrautem Aufbau. Darüber hatte der Grenzbeamte mit Kuli in kyrillischer Schrift »Awtostop« und die Uhrzeit der Einreise eingetragen.

Hinter den Grenzkontrollen sprach ich erneut einen LKW-Fahrer an, der gerade aufbrechen wollte und mich gerne mitnahm. Wie bei vielen war der Iran sein Ziel. Zwischen Sofia und Plowdiw hielt er auf einem Parkplatz, um zu übernachten. In der geräumigen Kabine des Fahrerhauses rolle ich meinen Schlafsack aus, in einer Koje über der des Fahrers.

Das ging bis 3:00 Uhr morgens gut, als ich davon aufwachte, dass eine Hand sich an meinem Schlafsack zu schaffen machte. Doch der Fahrer akzeptierte meinen lautstarken Protest umgehend. Im Dunkeln sammelte ich meine paar Habseligkeiten zusammen und verließ den Wagen.

Die Nacht war stockfinster und kalt. Schließlich, eine Stunde später, ging in einem Renault Licht an. Der Fahrer fror ebenfalls und beschloss, aufzubrechen. Ein Syrer, der als Lehrer in Frankreich arbeitete und in den Sommerferien erstmals nach Hause fuhr. Ein freundlicher Mann, eine gute Unterhaltung: Frankreich und seine ehemaligen Kolonien. Das Regime Assad. Die Lage der Palästinenser, der Nahost-Konflikt.

Wichtigster Begleiter meines Fahrers schien allerdings ein großes Gottvertrauen zu sein. Von der Fahrtroute, ihren Belastungen und praktischen Herausforderungen hatte er, wie sich bald erweisen sollte, nur schemenhafte Vorstellungen. Früher Morgen, irgendwo auf der Transitstrecke. Wir mussten tanken. Der Tank war voll, die junge Tankwartin verlangte die üblichen Benzingutscheine. Ein ganz normaler Vorgang – jeder Ausländer, der durch Bulgarien reiste, wusste, dass er Benzin nur gegen Gutscheine erhielt, die er zuvor an der Grenze gegen Devisen erworben hatte. Jeder – nur mein freundlicher Syrer nicht.

Die Tankwartin war empört, der Syrer verzweifelt, die Verständigung schwierig. Er bot ihr Franc an, DM, Dollar – sie lehnte empört ab. Da fiel ihr Blick auf meine Jeans. Auf diese zeigte sie und sagte etwas, was ganz offensichtlich bedeutete, dass sie bereit sei, diese als Zahlung zu akzeptieren. So jedenfalls verstand es auch mein Fahrer und war sofort einverstanden – was blieb ihm auch anderes übrig? Was beide nicht wissen konnten: Ich hatte für meinen Kurztrip lediglich diese eine Hose dabei … Möglicherweise wäre ihnen auch das relativ gleichgültig gewesen. Doch in letzter Sekunde nahte Rettung: Am Horizont tauchte ein Polizeifahrzeug auf. Die Zahlung per

Hose hätte nun wohl doch zu lange gedauert, jedenfalls akzeptierte die junge Frau plötzlich Dollars. Für die Aussicht, nicht in Konflikt mit bulgarischen Polizisten zu geraten, war der Syrer auch bereit, einen deutlich überhöhten Preis zu akzeptieren.

Schließlich die Grenze zur Türkei, über die in wenigen Tagen die Flucht erfolgen würde. Ich verabschiedete mich von meinem syrischen Fahrer. Noch genauer als bei der Einreise beobachtete ich, wie die Kontrolle ablief. Rasch, aber routiniert und genau. Nicht alle, aber einige Pässe wurden im Innern des Schalters einer zusätzlichen Kontrolle unterzogen. Was geschah dort? Der Einblick war verwehrt, zu große Neugier hätte Misstrauen erzeugt.

Die Abfertigung zog sich einige Zeit hin. Gelegenheit, mir alle Einzelheiten der Grenzanlage sehr genau einzuprägen. Wo stehen Wachanlagen, wie verlaufen Zäune, wie viel Personal ist in etwa unterwegs, sind die Grenzbeamten bewaffnet?

Ausreise in die Türkei. Unmittelbar jenseits der Grenze befand sich ein Rasthaus, auf dessen schattiger Terrasse ich mich niederließ und eine Skizze der Grenzanlage anfertigte. Wofür eigentlich? Ich hätte es nicht sagen können. Irgendwie, für alle Fälle. Ein Reflex – nichts unbedacht lassen, keine Möglichkeit ausschließen. Natürlich wusste ich tief in mir: Es wäre sinnlos gewesen, loszuspurten, wäre der Fluchtversuch einmal entdeckt worden.

Die Terrasse erwies sich als idealer Beobachtungspunkt für die Grenzanlage. Im Schutz der Bäume konnte ich in aller Ruhe den Verkehr beobachten. So bestellte ich ein Glas Tee und begann, Notizen zu machen und eine Strichliste zu führen. Einen Tag lang, begleitet schließlich von vielen Gläsern Tee und unterbrochen durch wenige Stunden Schlaf, registrierte ich alle Bewegungen an der Grenze – manches schien mir charakteristisch.

»04:15 h, kaum Verkehr, Grenze noch sehr ruhig. Aus Richtung Türkei stehen erste Leute auf, die an Grenze übernachtet haben. – Gegen 05:15 h verstärkter Ausreisebeginn. – Ab etwa 07:45 h schleppende Einreise wegen Ausreisestau. – Bis etwa 11/12 h erhöhte Ausreisetätigkeit, dann ruhiger. – Ab kurz vor 19 h günstiges Licht, wieder erhöhte Ausreisetätigkeit. – 19:25 h Festbeleuchtung.«

Auf der Rückfahrt hatte ich echtes Tramper-Glück: Mit zwei britischen LKWs gelangte ich bis Salzburg. Der eine war leer und mit anderen Anhaltern teilte ich mir die Ladefläche. Die rückwärtige Plane war hochgerollt und wir schauten in die sommerliche Landschaft Bulgariens. Wunderbare Bilder zogen an mir vorüber. Eine schöne, lichtdurchflutete, hügelige Gegend. Dörfer. Wenig Verkehr. Männer mit altertümlichen Lederhelmen auf langsamen, knatternden Motorrädern. Längs der Straße blühten Rosen. Mir war, als stiege ich für wenige Stunden aus unserem Fluchtvorhaben aus. Vollständig hatte es mich inzwischen mit Beschlag belegt. Alle Sinne waren darauf konzentriert. Und nun, unvermittelt und für einen kurzen Moment, eine ungewohnte, selten gewordene Muße und Ruhe.

Der zweite Laster hatte Handtaschen geladen, die er in Salzburg abliefern sollte. Das erwies sich als schwierig. Das Unternehmen, für das die Ware bestimmt war, hatte bereits geschlossen, als wir eintrafen. Die Lastwagenfahrer jedoch wollten unbedingt noch am selben Tag entladen und weiterfahren. Schließlich: Telefonkontakt mit einem Zuständigen. Doch die eine Seite sprach kein Deutsch, die andere kein Englisch. Also durfte ich das Gespräch führen. Unterhaltung mit einem Unbekannten in mir unvertrauter Diktion und Tonlage: »Sag ihm, nicht mal meine Kinder würden sich so albern benehmen.« – »Er besteht darauf, dass wir bei Dienstbeginn wiederkommen.« – »Mach ihm klar, dass wir ihm alle Handtaschen auf den Hof leeren. Aber unverpackt.« Das schien Wirkung zu zeigen, jedenfalls zeichnete sich eine Lösung ab, ich wurde entlassen.

Mehr als irgendwann zuvor wurde ich diesmal an der deutschen Grenze kontrolliert. Gepäck, Pass, Fragen. Nachvollziehbar: Ich kam, vor Ladeflächen-Schmutz starrend und fast ohne Gepäck, direkt aus der Türkei, in die ich erst kurz zuvor eingereist war. Aber es fand sich kein Haschisch bei mir, und die Grenzbeamten mussten sich schließlich mit meiner Erklärung zufriedengeben, ich sei nun mal nur zum Spaß für einige Tage quer durch den Balkan und zurück gereist.

Inzwischen hatte die Fußballweltmeisterschaft begonnen. 22. Juni, Hamburg: »DDR gegen Deutschland« – wie mancher ohne viel Nachdenken sagte. So sehr hatte sich der westdeutsche Alleinvertretungsanspruch bereits in der Sprache breitgemacht. Das Ergebnis des Spiels: eine Sensation. Die einzige Begegnung, die die »Nationalmannschaften« der beiden deutschen Staaten je gegeneinander austrugen, endete 1:0 für die DDR. »Ein Schuss, der ins Grundsätzliche geht« kommentierte die »Süddeutsche Zeitung« den Siegtreffer des DDR-Stürmers Jürgen Sparwasser: »Auf den Zuschauerrängen des Hamburger Volksparkstadions wurde eine Begegnung, die nichts mit Prestige zu tun haben sollte, zum Ersatzkrieg.« Dass genau jener »Nationalheld« Jürgen Sparwasser sich später in den Westen absetzen sollte, konnte noch niemand ahnen.

Anfang Juni ging für die drei Freunde die Schulzeit zu Ende. Doch sie waren schon so sehr mit dem Gedanken bei ihrer Flucht, dass das Abitur gar keine rechte Rolle mehr spielte. Sein Russischexamen und die Führerscheinprüfung legte Bernd am gleichen Tag ab. Als sie die Abizeugnisse schließlich in den Händen hielten, überkam sie ein beklemmendes Gefühl. »Jetzt müssen wir es packen, jetzt wird es ernst«, meinte Bernd zu Thomas und versuchte, zu lächeln. Die Vorstellung ließ ihn schaudern ihn.

Zur Abschlussfeier kamen ihre Eltern ins Internat. Lange unterhielt Bernd sich mit Thomas' Vater. Der beeindruckte ihn: ein eigenständiger Kopf, ein klarer Charakter. Er war der Einzige aus dem Kreis der Eltern, dem der Sohn sagte, wohin ihre Reise nach dem Abitur sie tatsächlich führen würde – nach Bulgarien. Wilhelm von Fritsch verstand sofort, was sein Sohn vorhatte. Er kannte ihn viel zu gut. »Wenn du es schaffst, ist es gut. Ich bin wegen meiner Mutter, wegen Haus und Hof hiergeblieben; mach' Du es so, wie Du es für richtig ansiehst, mein Sohn.« Mehr sagte er nicht.

Thomas würde ihn nie wiedersehen.

Die anderen Eltern wurden von den Freunden über das tatsächliche Ziel ihrer Fahrt im Unklaren gelassen. »Wir fahren in die ČSSR!« Das war ohne Visum möglich.

Thomas Röthigs Mutter fiel auf, dass ihr Sohn sich anders verabschiedete als sonst. Sie wusste, dass er gemeinsam mit seinen Freunden Bernd und Thomas reisen wollte. Von

Leipzig aus wollten sie starten. Doch vehement lehnte der Sohn ab, als die Mutter vorschlug, die beiden vor der Abreise doch noch mal zum Essen einzuladen. Thomas wollte keine Gespräche, wollte nicht, dass ihre Anspannung sichtbar wurde. Und doch war es bei ihm wie bei uns allen: Längst spürten die uns vertrauten Menschen, dass etwas anders war als sonst.

Als Thomas das Haus verließ, lehnten sich die Eltern wie immer im vierten Stock aus dem Fenster und winkten dem Sohn zum Abschied. Thomas grüßte zurück. Als er sich schon ein Stück entfernt hatte, lief er plötzlich zum Elternhaus zurück und winkte noch einmal heftig hinauf. Mit einem Mal schwante dem Vater, was das bedeuten könnte: »Den siehst Du nicht wieder!« sagte Otto Röthig zu seiner Frau. Sie gingen in Thomas' Zimmer. Doch dort war alles ordentlich wie immer, keine Auffälligkeiten. Auf dem Schreibtisch lag sogar der Führerschein. Otto Röthig war nun doch beruhigt. Was sie nicht bemerkten: Vor ihnen lag nur eine leere Plastikhülle; den Führerschein selbst hatte ein Freund in Berlin in Verwahrung genommen, um ihn Thomas nach erfolgreicher Flucht zuzuschicken.

Schließlich war es so weit, die drei saßen im Zug. Besuche in anderen sozialistischen Staaten ließen sich schlecht verbieten – aber das Ziel, Bulgarien, weckte doch Misstrauen, zumal, wenn drei Jungen, die gerade ihr Abi abgelegt hatten, gemeinsam dorthin fuhren. So wurden sie, selbst für DDR-Verhältnisse, übergründlich kontrolliert. Glaubten dann aber, alles hinter sich zu haben. Jeden Moment musste der Zug sich in Richtung tschechische Grenze in Fahrt setzen. Doch plötzlich:

»Steigen Sie bitte aus!« Der schneidende Ton einer Grenzbeamtin, die beschlossen hatte, ihre Macht auszuspielen. »Sie hat es mir am Blick angesehen, als ich eben aus dem Fenster schaute«, schoss es Thomas Röthig durch den Kopf. Noch einmal mussten sie alles auspacken, alles erklären; vor allem interessierten die Landkarten, die sie dabeihatten. Doch nachweisen ließ sich nichts. Aber dann: »Warum haben Sie keine Rückfahrkarten gelöst?«

Ein unverzeihlicher Fehler? Ja – aber die drei hatten schlicht nicht mehr genung Geld gehabt, sich Hin- und Rückfahrkarten zu kaufen. Um die Reise zu finanzieren, hatten sie einen alten Opel P4 »Olympia« verkauft, den sie gemeinsam besessen hatten – »Baujahr 1936, mit extra starkem Blech!«. Doch aus dem erhofften Verkaufspreis von 600 Mark waren nur 350 Mark geworden: Kurz vor dem Verkauf hatte ihr Wagen einen Motorschaden. Das Vorkriegsmodell hatte einen enormen Ölverbrauch und das billige Altöl, das sie ständig nachgefüllt hatten, war ihm nicht bekommen. Doch auf die naheliegende Frage der Grenzbeamtin hatten sie rasch eine Erklärung zur Hand: »Wir wollen in Bulgarien und Ungarn herumtrampen, auch mal Jugendliche in anderen sozialistischen Ländern kennenlernen. Wir wissen noch nicht, von wo aus wir zurückfahren werden.« Dagegen ließ sich wenig sagen, auch wenn das Misstrauen der Grenzbeamten dadurch nicht ausgeräumt war. Doch sie hatten keine Handhabe gegen die drei, und nur auf Verdacht hin konnten sie sie nicht dabehalten. Schließlich verwandte die DDR große Mühe darauf, den Anschein zu erwecken, ein Rechtsstaat zu sein und kein Willkürregime …

Tom und der Opel P4 Olympia

Zwei Tage vor dem Treffen an der Schwarzmeerküste reisten die drei Freunde in Bulgarien ein. Das Visum, das sie sich zuvor besorgt hatten, galt für eine Woche.

Das reichte für die Flucht.

Dachten sie.

Immer näher rückte der 6. Juli, jener Tag, an dem wir uns am Schwarzen Meer treffen wollten. Burkhard und ich würden die Fahrt gemeinsam durchführen. Ich reiste nach München. In Burkhards Studentenbude in der Augustenstraße trafen wir abschließende Vorbereitungen. Mit Hochdruck arbeitete ich daran, die Stempelfälschungen immer noch weiter zu perfektionieren. Burkhard bereitete die Route vor, besorgte Autokarten, stellte die Ausrüstung zusammen, kaufte Lebensmittel für die Fahrt zu zweit und für die Weiterfahrt zu fünft. Ein Auto für unsere Unternehmung zu bekommen, war kein wirkliches Problem gewesen: Unsere Eltern hatten sich sofort bereit erklärt, uns ihres zu überlassen, als Burkhard und ich ihnen von unserem Plan berichteten, gemeinsam eine Urlaubsfahrt in den Süden zu unternehmen. Ihnen mochte wohler bei dem Gedanken sein, dass die Söhne ein verkehrstaugliches Fahrzeug benutzten, statt per Autostopp oder in einem der notorisch altersschwachen Studentenautos zu fahren.

5. Juli 1974. Noch zwei Tage bis zur Flucht ... Burkhard belud bereits den Opel Kadett, als ich noch an letzten Experimenten saß. Ich war immer noch nicht zufrieden mit den Ergebnissen meiner Arbeit. »Ich bin jetzt ganz dicht dran. Ich will den Stempel noch einmal neu schneiden. Und ich muss mich noch mal um die Ösen kümmern. Die sehen nicht echt genug aus.« Doch wir mussten los: »Wenn Du jetzt noch mal von vorne anfängst, kostet uns das einen ganzen Tag. Den haben wir nicht mehr. Wir sind verabredet!«

München, Salzburg, quer durch Österreich nach Klagenfurt. Bis dahin: »Alles easy«. Über den Loibl-Pass zum ersten Gefahrenpunkt: der Grenze nach Jugoslawien. Die Pässe für Tom und die Freunde steckten zwischen den »Aral«-Autokarten in der blauen Kunststoff-Tasche. Lange hatten wir über raffinierte Verstecke nachgedacht. Hinter die Innenverkleidung der Türen? In den Luftfilter? Unter die Schonbezüge aus Jeans-Stoff, die meine Mutter genäht hatte? Doch schließlich kamen wir zu dem Schluss, dass die Pässe wohl nicht sichtbar im Auto liegen sollten, es ansonsten aber ziemlich gleich war, wo wir sie verbargen. Hatten die Grenzbehörden einmal Verdacht geschöpft und begannen sie, den Wagen zu durchsuchen, würden sie sicher auch hinter die Innenverkleidung oder unter die Radkappen schauen.

Einreise nach Jugoslawien. Routinekontrolle. Unser roter Kadett schwamm mit im westdeutschen Urlaubsverkehr, der sich Richtung Griechenland und jugoslawische Adria bewegte. Außer in Bayern und Baden-Württemberg hatten schon überall die Sommerferien begonnen. – »Ihre Pässe bitte. Etwas zu verzollen? Wohin unterwegs? Vielen Dank, gute Reise.« – Weiterfahrt, ein Blick in den Pass: Ja, die jugoslawischen Stempel sahen aus wie immer, solche hatten wir auch in die Pässe der drei eingetragen. Ein Stein fiel uns vom Herzen, die erste Hürde war genommen. Doch ab jetzt befanden wir uns in »Feindesland«, zumindest empfanden wir es so.

Fahrt durch Jugoslawien. Die ganze Quälerei des »Autoput«, der jugoslawischen Transitstrecke. Eine Spur in jede Richtung, Laster, Ferienverkehr und örtliche Fiat 500. Eine mörderische Piste, in schlechtem Zustand und zudem unberechenbar gemacht durch eher willkürliche Geschwindigkeitskontrollen jugoslawischer Verkehrspolizisten. Dann half die international gängige Einheitswährung »Marlboro«; mit mehreren Stangen Zigaretten waren wir auf solche Situationen vorbereitet.

Meist fuhr Burkhard. Er hatte wenigstens einen ordentlichen Führerschein und etwas Fahrpraxis. Ich versuchte, ihn gelegentlich abzulösen, doch dann kamen wir gar nicht mehr voran: Ich wagte nicht, irgendeinen der zahllosen Fernlaster zu überholen, dazu fehlte mir jede Erfahrung. Irgendwo, mehr oder minder am Straßenrand, übernachteten wir, in Schlaf-

Die geplante Fluchtroute

säcken im Auto. Die Mahlzeiten bestritten wir aus den mitgebrachten Vorräten und legten dafür auch keine größeren Pausen ein. Laibach, Zagreb, Belgrad, Niš. Und schließlich, bei Gara Dragoman, die Grenze. Kalotina heißt sie auf bulgarischer Seite.

6. Juli 1974. Morgen würde das Endspiel der WM steigen. Unsere Nerven waren zum Zerreißen gespannt. Doch auch dieser Grenzübergang ging gut. Kein Misstrauen, keine besonderen Kontrollen, die übliche Abfertigungszeit. Wir kamen glatt durch. Jetzt hatten wir fast gewonnen.

Glaubten wir.

Einen Moment lang.

Die Brücke von Nessebar, Postkarte aus dem Jahr 1974

Aus, vorbei. Zwischen den Straßenkarten steckten drei gefälschte Pässe, die jetzt nichts mehr wert waren. Alles stimmte – außer der Farbe der Stempel. Ein dreiviertel Jahr Planung und Vorbereitung umsonst.

Umsonst? Das konnte es doch nicht gewesen sein! So billig ließen wir uns doch nicht abspeisen! Unser Plan war genial und bloß wegen solch eines albernen Farbwechsels konnte doch nicht alles vergeblich gewesen sein! Unsere Verzweiflung wich rasch einem »Jetzt-erst-recht-Gefühl«. Unsere Gedanken kreisten.

Noch hatten wir eine weite Fahrt vor uns. Wer bloß hatte die blödsinnige Idee gehabt, sich am Schwarzen Meer zu verabreden? Solch ein irrer Umweg! Es war dunkel geworden, dabei sollten wir längst in Nessebar sein. Von der langen Fahrt und der Enttäuschung waren Burkhard und ich erschöpft. Das Gespräch verstummte, beide hingen wir unseren Gedanken nach. Plötzlich stieg Burkhard mit aller Kraft in die Bremsen und brachte den Wagen abrupt zum Stehen. Unmittelbar vor uns tat sich ein gähnendes Loch auf: eine Baustelle, weder angekündigt noch beleuchtet oder anderweitig gesichert. Auf diese Nebenstrecken verirrten sich ja nachts auch keine Fremden. Wer hier fuhr, kannte sich aus.

Zwei Uhr morgens war es schließlich, als wir Nessebar erreichten. Der Verbindungsdamm zwischen Festland und Insel ließ sich leicht finden. Besonders unverdächtig: mitten in der Nacht hielt ein Auto mit westdeutschem Kennzeichen an der Brücke von Nessebar, in Nessebar, wo die Stasi, wie sich ein Vierteljahrhundert später herausstellte, jeden Sommer einen Außenposten unterhielt, um die zahlreichen DDR-Sommerurlauber unter Kontrolle zu behalten und Fluchtversuche schon im Ansatz erkennen zu können. Aber jetzt schlief alles.

Außer den drei Gestalten, die sich aus dem Dunkel der Böschung des Damms lösten: Tom, Thomas und Bernd. Wenigstens das Treffen klappte.

Seit Stunden hatten sie mit wachsender Sorge gewartet. Schließlich waren wir für 18 Uhr verabredet gewesen. Als sie an der Auffahrt zum Damm angekommen waren, lagerte dort eine Gruppe Soldaten, offensichtlich in ihrer Freizeit. »Toller Treffpunkt!« ging es Bernd durch den Kopf. »Hoffentlich verschwinden die rechtzeitig wieder.« Doch offensichtlich galt auch für jene schließlich der Zapfenstreich. Angesichts der Entfernung hatten die Freunde sich gedacht, dass Burkhard und ich uns verspäten könnten. Jetzt waren sie erleichtert, freuten sich unbändig, uns zu sehen.

Doch nur einen Moment lang. »Stimmt irgendwas nicht? Ist ’was schiefgegangen?« Die drei waren völlig fassungslos, als sie erfuhren, was sich zugetragen hatte. Sackten förmlich in sich zusammen – sprachlos, ratlos, verzweifelt. Ihre innere Uhr, ihre ganze Anspannung und Vorbereitung hatte sich auf diesen Moment konzentriert und auf den kommenden Tag, auf ihre Flucht. Und jetzt?

Burkhard rettete die Situation – so gut es ging: »Ganz einfach. In zwei Wochen sind wir wieder da. Mit neuen Pässen. Und dann stimmen die Farben. Dann holen wir Euch raus. So lange werden wir allerdings brauchen. Könnt Ihr hier durchhalten?«

Die Freunde mussten nicht lange nachdenken, so sehr dieser Fehlschlag sie auch erschütterte. Alles war besser, als abzubrechen. »Glaubt Ihr, Ihr schafft das? Kriegt Ihr denn neue Pässe? Aber dann müsst Ihr ja noch mal ganz neu … und wieder durch die ganzen Kontrollen und … Klar können wir hierbleiben, das klappt schon, irgendwie. Wir kriegen das organisiert. Notfalls schlafen wir am Strand. Schön ist es ja in Bulgarien. Bloß: wir haben fast kein Geld mehr.«

Auch darauf hatten sich weder die Freunde noch wir uns eingestellt. Burkhard und ich überließen ihnen unseren Reiseproviant und unsere ganzen zwangsumgetauschten Lewa und gaben ihnen außerdem noch an DM, was wir entbehren konnten. Die würden sich auf dem Schwarzmarkt sicher gut umtauschen lassen. Wirklich viel war es allerdings nicht.

Rasch kam neuer Optimismus auf. Und es wurde sogar noch eine fröhliche Nacht, als wir auf der verwaisten Terrasse einer

Gaststätte gemeinsam ein sehr frühes Frühstück aus Münchener Aldi-Vorräten zu uns nahmen und dem Sonnenaufgang zuschauten. Nur einmal noch trübte sich die Stimmung der Freunde. Ich zeigte ihnen ihre Pässe. Ja, doch, die Stempel seien wirklich prima. Aber die Fotos, meinte Thomas Röthig vorsichtig. Die Ösen sind doch viel dicker als normal. Das kann doch auffallen! Ich hatte einen Kloß im Hals. Natürlich hatte Thomas recht. Es hätte gut gehen können – aber plötzlich hatte ich das Gefühl, der Fehlschlag könnte ein gütiger Eingriff des Himmels gewesen sein … Wir waren eben noch nicht ganz so weit gewesen. Aber inzwischen wusste ich, wie es besser gehen würde. Ich hatte schon mit dem Versuch begonnen, die Originalösen wieder zu verwenden. Zu spät allerdings. Zu sehr hatte ich mich auf die Stempel konzentriert und dieses Problem zu wenig beachtet. Thomas vertraute meiner Zusicherung, die nächsten Pässe würden noch viel besser gefälscht sein. Was blieb den Freunden auch übrig, als sich ganz in Burkhards und meine Hand zu begeben …

Sehr früh am Morgen trennten wir uns wieder, noch bevor Nessebar erwachte. Die drei würden sich irgendwie durchschlagen. Wo treffen wir uns in 14 Tagen? Vielleicht besser direkt an der Strecke. Mitten in Sofia! Aber wie sich in einer Stadt verabreden, die keiner von uns kannte? Tom hatte einen Fremdenverkehrsprospekt über Bulgarien dabei. Dort war das Denkmal für den russischen Zaren Alexander II. abgebildet, den Befreier Bulgariens. Tom riss die Seite in zwei Teile, eines für sie, eines für uns. Das finden wir auf jeden Fall! Morgen in vierzehn Tagen, um 20 Uhr.

7. Juli 1974. Wir wollten es wissen: War es wirklich eine gute Idee gewesen, während des Endspiels um die Fußballweltmeisterschaft die Grenze zu überqueren?

Auf holprigen Wegen fuhren Burkhard und ich Richtung Kapitan Andreewo, dem Grenzübergang zur Türkei im Osten Bulgariens. Vorher Halt auf freier Strecke: hinter einem Kilometerstein versteckten wir die falschen Pässe. Später würden wir sie wieder abholen und mit nach Hause nehmen – wir hatten den Eigentümern versprochen, sie ihnen wieder zurückzugeben. Das Risiko, damit auf der Rückfahrt erwischt zu werden, mussten wir eingehen – aber die Gefahr war weit geringer als während der Einreise nach Bulgarien.

Kurz vor der Grenze legten wir eine Pause ein und warteten, bis die zweite Halbzeit begonnen haben musste. Der Grenzübergang lag wie ausgestorben. Die Beamten so freundlich wie noch nie: »2:1!« signalisierten sie, »Deutschland! Breitner! Müller!« Unseren Pässen wurde kaum Aufmerksamkeit geschenkt – und es fiel auch nicht weiter auf, als wir nach kurzem Aufenthalt in der Türkei wieder zurückkehrten. Die Gelegenheit wäre also wirklich ideal gewesen …

1700 Kilometer zurück, so rasch wie möglich. Plowdiw, Sofia, Niš, Belgrad, Zagreb, Laibach, Salzburg, München.

15
Rhodamin B

Tom, Bernd und Thomas blieben zunächst noch in Nessebar – und trafen am Strand doch tatsächlich ihren Klassenkameraden »Schuri« mit Freundin. Dass er das Gleiche vorhatte wie sie, war mehr als unwahrscheinlich: ein linientreuer Opportunist, in der Schule als Denunziant der Staatssicherheit verschrien. Entsprechend fielen seine Scherze aus, so auch diesmal: »Wir sollten uns in Istanbul treffen!« – »Nee, Schuri, das liegt nicht so auf unserer Route. Wir sind unterwegs nach Rom!« Schuri amüsierte sich köstlich über diesen Witz …

Aber sehr schnell verflog die gute Laune der drei Freunde. Schließlich waren sie ja nicht nach Bulgarien gekommen, um hier Urlaub zu machen. Über Monate hatten sie auf diesen Moment hin gelebt. Statt einer Auflösung nun neues Warten, Warten auf einen ungewissen Ausgang. Der erzwungene Aufenthalt wurde zur größten Belastung ihrer Flucht. Dass sie dabei die Visa überzogen, die sie berechtigten, sich in Bulgarien aufzuhalten, wurde zum nachrangigen Problem. Wichtig nur: sich so unverdächtig wie möglich verhalten. In keine Polizeikontrolle geraten. Was Tom erst später erfahren sollte: Unmittelbar bevor der zweite Fluchtversuch stieg, tauchte in seinem Elternhaus erneut die Polizei auf. Eine wohlgeordnete und präzise funktionierende staatliche Bürokratie hatte bemerkt, dass Toms Visum abgelaufen war, und erkundigte sich nun, wo der Sohn denn sei. Die Mutter war tatsächlich ahnungslos, der Vater konnte es sich so gar nicht erklären. »Sie wissen doch wie die Kinder heute sind. Erzählen den Eltern auch gar nichts.«

Die Finanzen der drei waren knapp, ihre Geldnot diktierte zunehmend den Alltag. Streit blieb nicht aus. »Wieso müssen wir eigentlich für Deine Qualmerei bezahlen?« regten sich Tom und Thomas über Bernds Zigarettenkonsum auf. Doch sollte der jetzt auch noch das Rauchen aufgeben? Schließlich einigten sie sich, ihr Geld genau aufzuteilen, für jeden ein gleicher Betrag statt gemeinsamer Kasse. Am Strand der Schwarzmeerküste hielt es sie nicht lange. Westdeutsche Touristen, die hier billig Urlaub machten und den großen Max markierten, war das Letzte, was sie jetzt brauchten. Ziellos und ohne einen Blick für die Schönheit des Landes zogen sie per Anhalter durch Bulgarien. Eine hölzerne Schutzhütte bot Unterschlupf für eine Nacht. Mit neuen Begleitern ging es weiter – Flöhen. Eine Reise, allein davon diktiert, die Zeit herumbringen zu müssen.

Auf dem Weg nach Sofia, zum zweiten Treffen, lernten sie einen freundlichen jungen Bulgaren kennen. Er lud sie ein, ihn in der Hauptstadt zu besuchen. Gerne machten sie davon Gebrauch, herzlich und gastfrei wurden sie bewirtet. Ihr Gastgeschenk: Ein Fünf-DM-Stück – ihr letztes Westgeld. Doch so blieb der junge Bulgare in dem Glauben, die drei Jungen kämen tatsächlich aus Westdeutschland. Dass zur Gastfreundschaft auch große Mengen Schnaps gehörten – darauf waren sie nicht vorbereitet gewesen. Ihre Mägen revoltierten, als sie in einem Park die letzte Nacht vor dem erneuten Treffen mit uns verbrachten. Schließlich begann es auch noch, in Strömen zu regnen. Völlig aufgelöst flüchteten sie sich in das Gebäude des Sofioter Hauptbahnhofs.

»Süddeutsche Zeitung«, Freitag, 12. Juli 1974
Neun Jahre Haft für Fluchthelfer. Berlin *(ddp)*

»Süddeutsche Zeitung«, Montag, 15. Juli 1974
Schüsse an der Mauer *(dpa)*
In der Nacht zum Sonntag ist in Berlin vermutlich der Fluchtversuch einer Frau gescheitert. Nordwestlich von Groß-Glienicke aus dem Sicherheitsstreifen auf dem Gebiet der DDR hörten Polizeibeamte vier bis fünf Pistolenschüsse und vernahmen Hilferufe einer weiblichen Person …

Bevor Burkhard und ich darangehen konnten, einen zweiten Fluchtversuch vorzubereiten, brauchten wir dringend Geld. Die Erträge aus dem Verkauf der Münzen waren genauso aufgebraucht wie unsere eigenen Reserven aus Taschengeld und Ferienjobs. Jetzt führte kein Weg mehr daran vorbei: Wir mussten zumindest unseren Vater einweihen. Also fuhr ich nach Schwäbisch Gmünd.

Mein Vater saß an einem Vortrag, als ich nach Hause kam. Ein geschichtliches Thema, wie meistens. Seit einigen Jahren war er nicht mehr berufstätig und ging seiner Leidenschaft nach: der historischen Forschung. In seinem mit Büchern vollgestopften Arbeitszimmer saßen wir uns gegenüber, wie immer, wenn ich aus dem Internat oder von Unternehmungen nach Hause kam, er auf einem abgewetzten Sessel, ich in der

Ecke des durchgesessenen Sofas. Die Möblierung seines Zimmers war ihm ziemlich gleichgültig, wichtigste Einrichtungsgegenstände waren die bis unter die Decke reichenden Bücherregale. Er freute sich, mich zu sehen, wollte sich von unserer Reise berichten lassen. Gespräche zu zweit lagen ihm mehr als die Unterhaltung im großen Kreise. Alles, was wir taten, interessierte ihn. Und er förderte uns, wo er konnte. Darauf setzte ich – genauso, wie darauf, das ihm eines ganz besonders wichtig war: der Zusammenhalt unserer Familie.

»Ich brauche Geld.« Kaum, dass ich den Satz herausbekam. Nicht, dass es mir unangenehm gewesen wäre, nein, gar nicht – schließlich war es »für einen guten Zweck«. Aber die Anspannung war kaum mehr auszuhalten. Doch dann war es raus und ich konnte alles erzählen. Mein Vater reagierte, wie ich es erwartet hatte: Spontan und selbstverständlich war er bereit, uneingeschränkt zu helfen. Er ließ sich unsere Überlegungen und Pläne ganz genau schildern, fragte nach, nickte zustimmend. Doch, das sei plausibel, so könne es klappen. Natürlich bliebe ein Risiko – aber die Grundentscheidung sei schließlich richtig. Daran zweifelte auch er keinen Moment. Das war für ihn so selbstverständlich wie für mich.

Natürlich muss er sich gesorgt haben – seine beiden großen Söhne! Doch das ließ er sich keinen Moment lang anmerken. Nur, als ich etwas dramatisch erzählte: »Wir wissen auch, wo die bulgarischen Grenzbeamten ihre Waffe stecken haben: hinten im Hosenbund!«, wurde er bestimmt: »Lieber drei oder fünf Jahre im Gefängnis als ein Leben lang ein Krüppel!« Aber so weit hätten Burkhard und ich es sowieso nicht kommen lassen …

1500,– DM lieh er mir – auch für ihn keine kleine Summe; selbstverständlich konnten wir auch den Wagen noch einmal haben. Was sollte ich meiner Mutter sagen? Am besten gar nichts. Einfach so tun, als sei nichts Besonderes. Dabei wusste ich, wie merkwürdig es für sie aussehen musste, dass ich schon wieder mit dem Auto aufbrach, wie merkwürdig mein ganzes Verhalten während der zurückliegenden Wochen und Monate gewesen war. Doch es ging nicht mehr um Erklärungen, Widersprüche und rationales Verhalten. Es ging nur noch darum durchzukommen, noch einen neuen Anlauf zu nehmen, alle Kräfte und Nerven noch ein zweites, letztes Mal zu mobilisieren, um ans Ende des Tunnels zu gelangen.

Was mochte sie sich denken? Längst ahnte sie alles, hatte sich mit dem hellwachen Instinkt einer besorgten Mutter auf dies und jenes einen Reim gemacht. »Als ich in Deinem Zimmer die herausgetrennten Namensschilder sah, habe ich gewusst, was los ist«, sagte sie mir später. Ich hatte für Tom und seine Freunde »Gepäck« zusammengestellt und dazu auch meine eigene Kleidung genommen, die aus Internatszeiten mit Namensschildern gekennzeichnet gewesen war – und diese mussten natürlich entfernt werden. Statt sie zu beseitigen, hatte ich sie in einer Schale in meinem Zimmer deponiert und dort hatte meine Mutter sie gesehen. »Nichts wegwerfen!« – das war auch so ein eherner Grundsatz der Nachkriegszeit. Jedes Geschenkbändchen ließ sich wieder aufbügeln, Bastelbücher gaben Tipps, wie man aus Haushaltsresten »originelle Geschenke« fertigen konnte, und als die Tiefkühltruhe das Einmachglas zu verdrängen begann, wurden die Himbeeren aus dem eigenen Garten in geleerten Quarkbechern eingefroren.

Wie immer, wenn ich zu Hause war, hatte meine Mutter eines meiner Lieblingsessen gekocht. In einer besonderen Kladde durfte jeder von uns eintragen, was er besonders mochte. Viele baltische Gerichte waren darunter: »Flickerklops« oder »Komm-morgen-wieder«, »Schmalunz« und »Bubbert«. Einfache, herzhafte Köstlichkeiten einer Küche, die von begrenzter ländlicher Versorgung und deutschen wie russischen Traditionen geprägt war. Mühsames Gespräch beim Mittagessen, Dialoge, die sorgfältig das Thema umschifften, das wie ein Felsblock im Raum stand.

Bewegte mich nichts anderes mehr als unser Fluchtvorhaben? Doch, da gab es noch etwas anderes, ein einziger Termin, der nichts mit der Sache mit Tom zu tun hatte, war mir wichtig, zwischen den beiden Fluchtversuchen …

Freitag, 12. Juli 1974. »trefff 2« bei Burkart von Wilucki in Stuttgart-Bad Cannstatt. Es mochte drängen, was wollte – da musste ich hin. Huberta würde schließlich auch kommen. Wie immer wurde es ein fröhlicher Abend in großer Runde. Doch Huberta war sehr einverstanden, als ich ihr vorschlug, einen Spaziergang zu machen. Rasch hatten wir die Häuser hinter uns gelassen und waren in die Weinberge hochgestiegen. Unter uns lag die erleuchtete Stadt.

»Kommst Du zum nächsten »trefff« auch wieder?« wollte Huberta wissen. »Ich weiß nicht, ob das klappen wird.« – »Warum nicht?!« – »Weil ich vielleicht im Gefängnis sein werde …« – »Och, das macht nichts, da komm' ich Dich besuchen!« – »Das wird nicht gehen.« Plötzlich merkte Huberta, dass es mir sehr ernst war. »Warum sollte man Dich einsper-

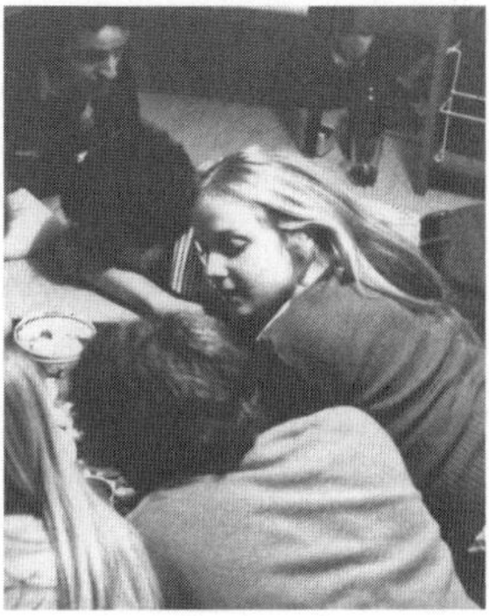

Mit Huberta beim »treff 2«

ren?!« – »Weil ich meinen Vetter aus der DDR rausholen will. Ihn und zwei Freunde. ›Staatsfeindlichen Menschenhandel‹ nennen sie das, ›Beihilfe zur Republikflucht‹. Dafür gibt's ein paar Jahre Haft, wenn man erwischt wird.« Huberta war fassungslos. Sie konnte sich kaum vorstellen, was ich meinte. DDR, Flucht – das waren für sie ferne Welten, das stand in der Zeitung. Sie hatte keine Verwandten »drüben«.

Ich erzählte und erzählte. Und wurde alles los, unendlich erleichtert. Huberta konnte mir nicht helfen und nicht raten, und doch hätte niemand sonst mir diese Last so abnehmen können wie sie. Und diese Last wurde immer größer.

Schwäbisch Gmünd, 17. Juli 1974

Lieber Klaus!
zwischen Radiergummis, Fotos, Linolschneidern, u. ä. m. in aller Eile ein Brief an Dich, denn als einer der »Hauptakteure« hast Du ein Recht darauf, auf dem Laufenden zu sein. Große Pleite, die trotzdem doch noch gut ging: Nachdem alles bestens vorbereitet und geplant war, mussten wir

hinter der jugoslawisch-bulgarischen Grenze feststellen, dass diese Himmelhunde die seit etwa zwei Jahren gleiche Stempelfarbe von der einen Woche auf die andere geändert hatten. Also alles umsonst. Wir trafen die Jungs, besprachen alles, reisten wieder ab, um es in der nächsten Woche mit neuen Pässen nochmals zu versuchen. Drück alle Daumen, dass es gut geht. In den letzten Tagen nur noch fieberhafteste Arbeit, alles zu beschaffen und zu richten.
Dir geht es hoffentlich besser, für Deinen Telefonanruf vielen Dank. In ein bis zwei Wochen hörst Du Neues oder nichts.
Mit herzlichen Grüßen, stets Dein Rüdiger

Zurück nach München. Wieder ging es in der Augustenstraße an die Arbeit. Die wichtigste Aufgabe jetzt: neue Pässe besorgen. Schon für den ersten Versuch war das nicht einfach gewesen. Nun mussten weitere Freunde und auch entferntere Bekannte angesprochen und davon überzeugt werden, ihren Pass zur Verfügung zu stellen. Niemand verweigerte sich. Nur mein Klassenkamerad Bolko bekam plötzlich doch Bedenken und erbat seinen Pass gerade noch zurück, als ich mich daran machen wollte, sein Foto herauszulösen …

So gab es nun auch immer mehr Mitwisser – doch darauf, so hofften Burkhard und ich, kam es in diesen letzten Tagen vor der Flucht nicht mehr an. Aber es wurde eng – der Pass von Jürgen, der gerade seinen Wehrdienst ableistete, lag für ihn unerreichbar bei seinen Eltern in Heidelberg; Philipps Pass war, wie er jetzt erst feststellte, seit Längerem abgelaufen. Burkhard telefonierte und telegraphierte.

Ich schnitt neue Stempel, besser und genauer als alles, was ich zuvor gefertigt hatte. Am meisten beschäftigte ich mich jetzt mit den Ösen der Fotos. Identische Exemplare waren im Handel nicht zu erhalten, also mussten die Originale wiederverwendet werden. Mit noch größerer Sorgfalt als bisher rollte ich die Ösen aus den Passbildern wieder auf. Das eine Ende ließ ich unversehrt, das andere präparierte ich, so gut es ging, für eine erneute Verwendung. Dann schob ich das Röhrchen von vorne durch das neue Foto und die Passseite und drücke die Rückseite mit der Ösenzange so vorsichtig wie möglich wieder zusammen. Ganz perfekt sah das nicht aus, vor allem, wenn man den Pass genauer untersuchte. Aber es war viel besser als alles, was wir bisher versucht hatten. Den üblichen Routinekontrollen sollten unsere Pässe standhalten können.

Glaubten wir. Bis der Hinweis vom BND kam.

Unser Vater hatte einen alten Bekannten, der beim BND arbeitete. »Vielleicht kann er Euch irgendwie helfen.« Er kontaktierte ihn über einen weiteren Bekannten, der in München in dessen Nähe lebte, ihn aufsuchte und von ihm eine besondere Telefonnummer erhielt.

Unter der rief Burkhard ihn an. Vortrag darüber, wie gefährlich unser Vorhaben sei. Wie genau auch in Ländern wie Bulgarien alles überwacht werde. Wie eng die Kooperation mit der Stasi sei. Und dann der entscheidende Tipp: »Kauft Euch mal eine UV-Lampe und haltet die Pässe drunter. Stempelfarben enthalten oft fluoreszierende Stoffe, als zusätzliches Sicherheitsmerkmal.« Davon hatten Burkhard und ich noch nie gehört. Deshalb also diese Geheimniskrämerei unter dem Tresen!

Wir zogen los. In einem kleinen Elektroladen trieben wir schließlich eine entsprechende Glühbirne auf – eine Leuchtstoffröhre wäre leichter zu haben gewesen, doch hätten wir sie in Burkhards Studentenbude nirgends anbringen können. »Was haben Sie denn damit vor?« – Was geht den Verkäufer das an? – »Wir wollen unseren Partykeller aufmotzen«, fiel Burkhard ein. Natürlich wäre es viel witziger gewesen zu sagen: »Wir wollen Pässe fälschen!« – Aber so locker und souverän waren wir eben längst nicht mehr.

Sofort nach Hause. Die Fenster verdunkeln. Studentenbuden haben keine Vorhänge. Die Spezialbirne in die Schreibtischlampe geschraubt, Licht an. Meinen Pass drunter gehalten. Die Stempel leuchteten in den schönsten Farben – auch jene aus Bulgarien.

Burkhard und mir bricht der Schweiß aus. Nur noch wenige Tage, dann müssen wir wieder aufbrechen. Ich sitze an den Stempeln und Ösen, Burkhard ist damit beschäftigt, neue Pässe zu organisieren. Wie sollen wir denn auch das noch schaffen?

Burkhard zieht los. Erster Versuch: Stempelgeschäft. Ob sie nicht Stempelfarbe haben, die fluoresziert, wenn man … Misstrauischer Blick. Als wolle Burkhard Pässe fälschen. Er eilt weiter. Künstlerbedarf. Fragt harmloser. Er experimentiere mit neuen Mal- und Farbtechniken, versuche etwas mit fluoreszierender Tinte et cetera. – Interessant, aber nein, leider könne man nicht helfen, das habe man nicht.

Wie weiter? »Pelikan«! Die stellen doch die »Deckfarb«-Kästen her, die wir seit Volksschulzeiten benutzen. Eine Tube »Deckweiß« und zwölf Farben mit eigentümlichen Namen:

»Gebr. Siena«, »Zinnoberrot«, »Pr. Blau«. Könnte doch sein, dass sie auch … Burkhard hängt sich ans Telefon. Ruft bei »Pelikan« in Hannover an. Fragt sich zum zuständigen Experten durch. »Hier Professor Fritsch, Kunsthochschule München. Ich plane, im nächsten Semester mit meinen Studenten …« Nein, leider, nein. Da könne man nicht helfen. Natürlich, man kenne das Prinzip, stelle aber nichts Entsprechendes her. – Wer denn die Grundsubstanz produziere? – Rhodamin B? – Ja, ja, natürlich, Rhodamin B! – Möglicherweise Ciba-Geigy in Basel. »Ach, sehen Sie, da hätte ich natürlich auch selbst drauf kommen können! Vielen Dank!«

Burkhard spürt: Jetzt ist er dicht dran – zwei wichtige Daten hat er! Ciba Geigy – und Rhodamin B. Anruf bei Ciba-Geigy in der Schweiz. »Hier Professor Fritsch, Technische Universität München. Ich arbeite an einer Versuchsreihe und bin im jetzigen Stadium überraschend und dringend auf Nachweise durch Fluoreszenzfärbung angewiesen … Ob Sie mir nicht eine kleine Menge Rhodamin B schicken könnten … Leider ist es sehr eilig, daher rufe ich auch persönlich an …«

Burkhard legt auf, nein, haut den Hörer auf die Gabel: »Das klappt, wir kriegen das Zeug!«

Doch das Päckchen bleibt aus. Einen Tag. Zwei Tage. Die Stimmung zwischen Burkhard und mir ist sowieso schon zum Zerbersten angespannt. Drei Tage. Es ist zum Verrücktwerden. Wir können nicht mehr warten, müssen das Problem anders lösen. Aber wie, wie? Die Not gibt unserer Phantasie Flügel – und die rettende Idee: Der letzte Schrei unter Studenten sind »Markerstifte«, mit denen sich Textpassagen in Vorle-

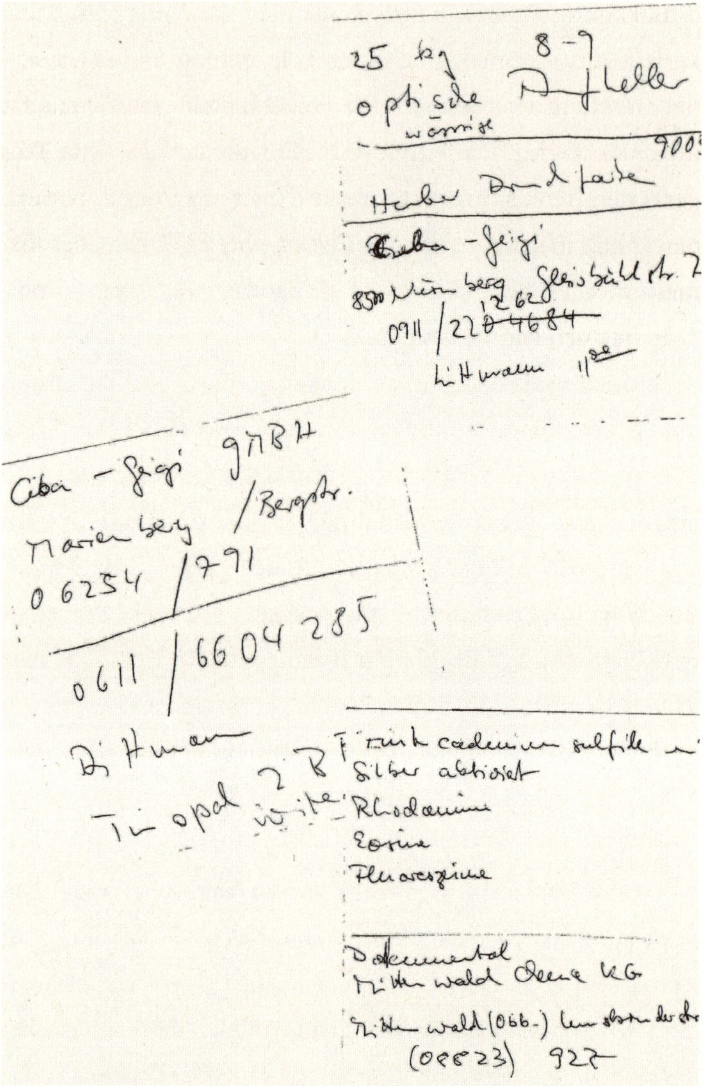

Auf der Jagd nach Rhodamin B – Notizen von Burkhard

sungsskripten hervorheben lassen. »Die leuchten doch auch!« Gesagt, gekauft. Fenster verdunkeln, Birne raus, Birne rein, UV-Licht an, einen Strich ziehen: »Das ist es!«

Burkhard beginnt, zu experimentieren. Drückt den Markerstift aufs Stempelkissen – kaum ein Effekt. Malt den Stempel an: Nicht viel besser. Malt den Stempelabdruck an: Zu ungenau. Zerlegt den Stift, presst den Farbstoff aus dem Trägerkissen heraus, mischt ihn mit der Stempelfarbe. Nimmt den Inhalt mehrerer Stifte. Das ist es! Nicht perfekt, aber immerhin.

Es ist auch allerhöchste Zeit.

16

Krieg auf dem Balkan?

Letzte Tage vor dem zweiten Versuch. Die täglichen Zeitungsmeldungen über Fluchtversuche und verurteilte Fluchthelfer registrierten wir kaum noch, sie hatten sich zu einer Art Grundrauschen entwickelt. Zu intensiv waren wir auch in unser Projekt vertieft. Was um uns herum geschah, nahmen wir nicht mehr wahr – auch nicht das politische Geschehen. Huberta besuchte mich in der Augustenstraße – ihre Anwesenheit war mir Hilfe. Auch unser Vater, der in München zu tun hatte, schaute vorbei und lud uns alle zum Essen ein.

Samstag, 20. Juli 1974. Ein zweites Mal packten Burkhard und ich unser unauffälliges Ferienauto. Diesmal wollten wir nichts dem Zufall überlassen. In den drei neuen Pässen für die Freunde hatten wir ihre Fotos eingefügt – aber noch keine Stempel. Die wollten wir erst anbringen, wenn wir uns sicher waren, dass nicht schon wieder die Farben geändert worden waren. Also musste auch unser Arbeitsgerät mit: der Stempel, mehrere Stempelfarben, Markerstifte und zwei Stempelkissen. Die Mitnahme unserer »Werkstatt« erlaubte es uns überdies, auch die kleine Zahl im Stempel nicht länger willkürlich vorab festzulegen, die auf den Grenzbeamten verwies, der bei Einreise kontrollierte. Eine falsche Zahl hätte uns möglicherweise verraten können. So beschlossen wir, auch sie erst in Bulgarien einzutragen – entsprechend der Zahl, die sich dann in unseren eigenen Pässen finden würde. Dazu führten wir einen feinen Pinsel mit, dessen Stielspitze uns als »Schreibinstrument« diente.

Das alles musste im Wagen versteckt werden – um es zumindest ersten Blicken zu entziehen. Wohin mit dem selbst gefertigten Stempel, unserem kostbarsten Stück?

»Eigentlich sollte ich ihn einfach in der Hand halten und mit ihm spielen, wie mit einem Kombuloi«, meinte Burkhard, »dann merkt garantiert niemand was!« Die kleinen Kettchen, die die Männer im Kaffeehaus in Griechenland oder auch im Orient durch die Hände gleiten lassen, waren auch in Westeuropa in Mode gekommen. – Huberta hatte eine Idee: »Packt ihn doch in ein Stück Seife!« – Gesagt, getan. Also: Eine Seife vorsichtig aufschneiden und aushöhlen. Den Stempel in eine Kunststofffolie verpacken und hineinschieben, das Seifenstück wieder verschließen und die Schnittstelle durch kräftiges Waschen ausgleichen. Perfekt! … Hätten wir nicht »Die neue Fa« genommen, grün-weiß marmoriert, die nun ein ungleichmäßig gefärbtes Ende hatte … »Egal, wir lassen es jetzt so, wir müssen los.«

Abschied von Huberta, Aufbruch. Wieder auf die Autobahn, wieder durch Österreich über die Grenze nach Jugoslawien, wieder auf den Autoput. Die Strecke durch Jugoslawien – eine Heimsuchung.

Sonntag 21. Juli 1974. Wieder ist die Nacht am Autoput kurz und unruhig gewesen. Unser Wagen schiebt sich im Schritttempo einer langen Blechlawine nach Süden. Ich sitze am

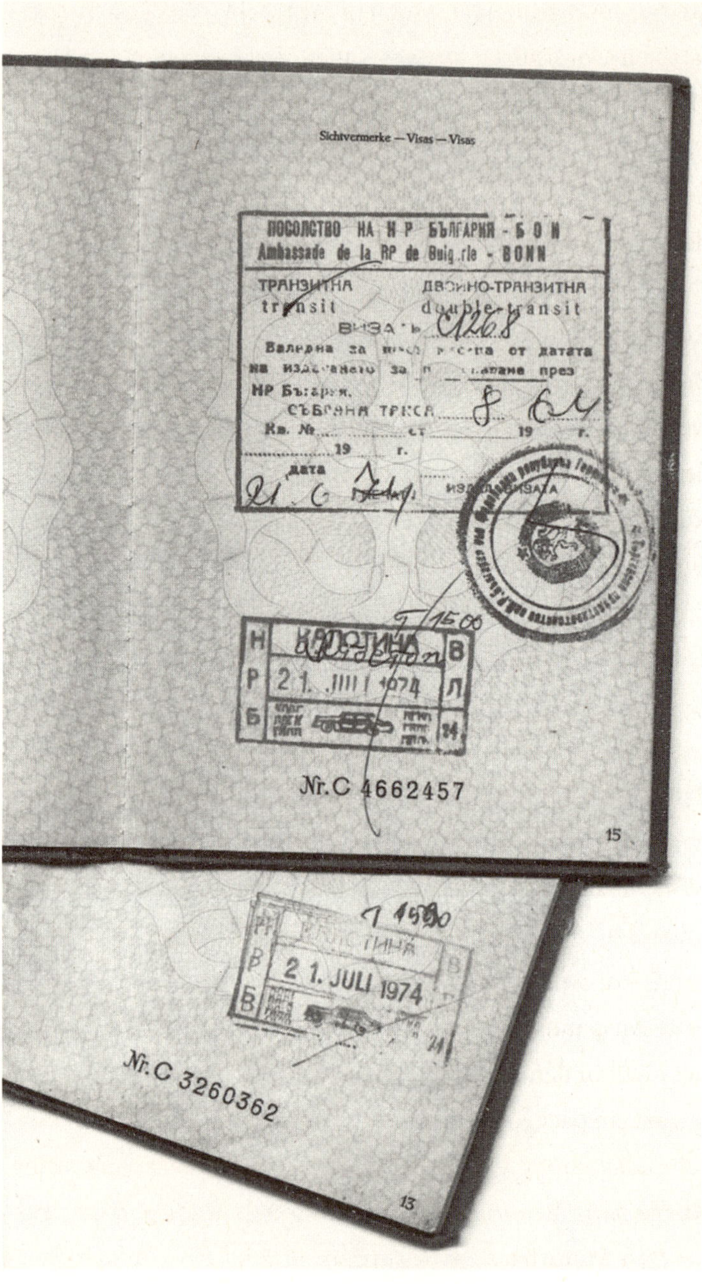

Original (unten) und Fälschung: der bulgarische Transit-Stempel

Steuer – und gebe einen Moment nicht acht … Es kracht, splittert, die Motorhaube unseres Kadetts beult sich vor mir hoch. Der klassische Auffahrunfall. Ich habe nicht bemerkt, dass der Fahrer des vor uns fahrenden Ford gebremst hat. Unser Schaden ist größer als der am Auto des in die Türkei heimkehrenden Fordarbeiters. Sein Ärger ist groß, verständlicherweise. Doch er erweist sich als umgänglich und ist zu einer raschen Regelung bereit, Hauptsache keine jugoslawische Polizei. Burkhard schätzt den Schaden und bietet ihm 300,– DM. Die werden akzeptiert. Wir biegen die Motorhaube unseres Kadetts notdürftig zurecht, fixieren sie mit einem Bindfaden am Kühlergrill und weiter geht die Fahrt. Allerdings fährt ab jetzt zunächst einmal nur noch Burkhard.

Am Nachmittag erreichen wir Gara Dragoman/Kalotina, den inzwischen schon vertrauten Grenzübergang. Wieder das gleiche, langsame Vorrücken der Autos, die gleiche Anspannung, die Angst, entdeckt zu werden. Unsere Pässe verschwinden hinter dem Tresen – jetzt wissen wir, warum. Ein prüfender Blick durchs Auto, eine Handbewegung: »Weiterfahren«. Noch in der Grenzanlage reiße ich meinen Pass auf, suche unter den vielen Stempeln den neuen: grün-rot. Keine Änderung. Auf diese Situation sind wir am besten vorbereitet. Eine erste Anspannung fällt von uns ab – doch noch sind die Stempel nicht in den Pässen.

Erst ein paar Kilometer Fahrt, dann biegt Burkhard in einen schmalen, holprigen Feldweg ein. Eine Kurve, noch eine Kurve, zwischen hohen Maisfeldern hält er an. Auf der zerbeulten Motorhaube wird unsere mobile Fälscherwerkstatt ausgebreitet: Pässe, Stempel, Farbkissen. Jetzt liegt die Hauptlast bei Burkhard, meine Nerven machen das nicht mehr mit. Ich kann nicht einmal hinschauen. Unmöglich könnte ich die Stempel jetzt selbst auftragen – pro Pass gibt es nur einen Versuch, alles muss sitzen: Farbverteilung, Aufdruckstärke, Datumsstempel … Burkhard drückt erst »unseren« Stempel in die drei Pässe, dann den Datumsstempel – die Farbverteilung muss in etwa identisch sein – schreibt mit Kuli schließlich »Awtostop« und die Uhrzeit der Einreise drüber. »Du kannst wieder gucken«, meint er schließlich und grinst. Der Stempel sieht perfekt aus. Dann bin noch einmal ich dran: Die Kontrollzahl einzufügen ist meine Aufgabe, das hatte ich intensiv geübt. Eine letzte Anstrengung. Den Pinselstiel ins Stempelkissen tauchen, auf Papier üben, Luft holen, volle Konzentration. Drei Mal die »24«, in drei Pässe. »Das sitzt!!«

Wohin jetzt mit den Utensilien? Flaschen und Stempelkissen werden zertreten, der Stempel zerrissen und alles fliegt im hohen Bogen zwischen die Maisstauden … »Bis sie das finden, sind wir über alle Berge!«

Es ist dunkel, als wir im Zentrum von Sofia ankommen. Das Zarendenkmal ist leicht zu finden. Von der Seite nähern sich die Freunde. Erschöpfung und Erleichterung stehen ihnen gleichermaßen ins Gesicht geschrieben. Ihre Zuversicht wächst, als sie die Pässe sehen – sie sind besser als die ersten.

Burkhard und ich haben auch diesmal aus dem Zwangsumtausch viel mehr Geld übrig, als wir benötigen. Also gehen wir opulent speisen, in einem plüschigen Lokal, mit dunkel gewandetem Kellner und deftiger Küche. Groß ist der Appetit der drei allerdings nicht. Dann geht es nach Osten, in Rich-

Kalter Krieg bis in die Formulare: »deutsche BR« (»RF Allemande«) nannte die bulgarische Gebührenquittung den westdeutschen Staat – eine in den sozialistischen Ländern gern verwendete Bezeichnung, um den Anspruch der Bundesrepublik zu bestreiten, für das ganze Deutschland zu sprechen

tung Grenze. Während der Fahrt beginnen Tom, Thomas und Bernd ihre neuen Lebensläufe auswendig zu lernen: Name, Geburtsdatum, Geburtsort – wo ist das –, Größe, Augenfarbe, wann warst Du in Indonesien, wann in Ägypten. »Warum muss denn mein Typ so viel herumgekommen sein!«, beschwert sich Thomas Röthig, der in die Identität des weitgereisten KaGe schlüpfen muss. »Das kann sich doch kein Mensch merken!« Es ist nicht einfach, über Nacht Bundesbürger zu werden, wenn man, bis in die Sprache hinein, durch und durch Sachse, Thüringer oder Altmärker ist …

Wir biegen von der Hauptstraße ab und übernachten hinter einer Scheune. Keiner findet richtig Schlaf.

Montag, 22. Juli 1974: Früh sind wir alle wach. Gestern noch Sonne, heute grau-trüber Himmel. Jetzt wird es ernst. Die drei Freunde ziehen die von Burkhard und mir mitgebrachten Kleider an, nichts mehr soll auf ihre DDR-Herkunft verweisen. Was von ihren Sachen einigermaßen unverfänglich ist, nehmen Burkhard und ich mit. Der Rest landet hinter der Scheune.

Bernd ist kurzsichtig. »Zeig mal Deine Brille!« Im Gestell steht deutlich sichtbar: »Made in GDR«. Ich erkläre kategorisch: »Das geht auf keinen Fall!« Auf einem Flohmarkt habe ich eine Nickelbrille mit runden Gläsern gekauft, wie jeder Hippie sie gerne trägt. Die muss Bernd nun aufsetzen. »Da seh' ich überhaupt nichts durch!« – »Das ist völlig egal, die paar Meter schaffst Du!« Bernd wagt nicht zu widersprechen, so übertrieben mein Vorschlag womöglich ist. Wenigstens sehe ich ein, dass Bernd seine echte Brille später wieder brauchen wird. Sie kommt ins Handschuhfach des Kadett.

Perfekt sind die drei verkleidet, als wir in Richtung Grenze aufbrechen. Den westdeutschen Hippie glaubt ihnen jeder. Wieder und wieder fragen wir sie ab, schließlich sitzen ihre neuen Biograhien. Wieder und wieder wird der Ablauf an der Grenze durchgegangen: Burkhard und ich werden sie kurz vor dem Grenzübergang absetzen, so, wie das üblich ist. Dann werden wir über die Grenze fahren und die drei werden anschließend zu Fuß folgen – als Erster Tom, darauf bestehen wir, dann, so entscheidet es das Los, Thomas und schließlich

Bernd. Jedenfalls nicht alle drei gemeinsam: Sieht einer, dass der Vordermann Probleme hat, kann er immer noch versuchen umzukehren. Es später noch mal probieren oder zur DDR-Botschaft in Sofia gehen und den Verlust seines Passes beklagen. Nur nicht in Bulgarien geschnappt werden, der Knast dort ist berüchtigt – das hat sich bis in die DDR herumgesprochen.

Kein Fußball-Endspiel – nur unser Endspiel. Ein ganz normaler Montagmorgen am bulgarisch-türkischen Grenzübergang östlich Svilengrad. So ganz normal allerdings auch nicht: Richtung Türkei gibt es erstaunlich wenig Verkehr. Wir werden bald erfahren, warum.

Doch die Grenzabfertigung muss nicht schneller gehen, nur weil es weniger Autos und Reisende zu überprüfen gibt als sonst. Besser, alle etwas umständlicher zu kontrollieren, als sich zu langweilen, mögen die Grenzbeamten sich sagen. Also dauert es wesentlich länger, an die Kontrollen zu kommen, als wir gedacht haben. Nur langsam bewegt die Kolonne sich voran, schiebt unser Opel sich in Richtung Grenze. Burkhard und ich haben aufgehört, uns zu unterhalten. Je weniger Du Dich bewegst, so scheint mir, desto weniger kann passieren. Vielleicht wäre es das Beste, die Augen zu schließen und die Luft anzuhalten.

Wir haben nur noch wenige Wagen vor uns, als plötzlich ein Rucksackreisender an uns vorbeimarschiert: Tom! Das darf doch nicht wahr sein! Aber was soll er machen?! Kurz vor den Grenzanlagen eine Rast einlegen?! Die Wagenkolonne ist zu langsam vorangekommen und so bleibt ihm nichts anderes übrig, als weiterzulaufen. Und wenn es jetzt schiefgeht? Ich

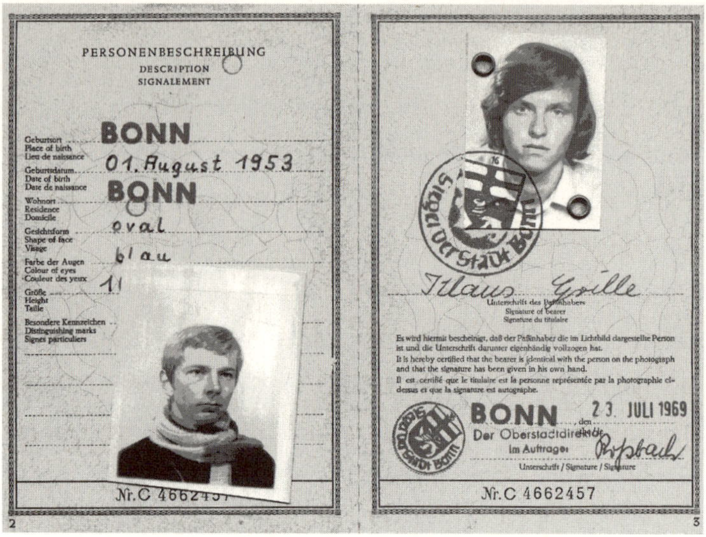

Der Pass von KaGe (links) mit dem Foto von Thomas Röthig

halt das nicht mehr aus! Burkhard und ich sitzen wie versteinert nebeneinander, starren auf den Grenzposten. Sehen schon die türkische Seite.

Tom nähert sich den bulgarischen Kontrollen. Gibt seinen Pass ab. Der verschwindet. Tom wartet. Dauert es länger als sonst?

Burkhard und ich meinen, zu spüren, unter welch enormer Anspannung er jetzt steht. Dabei ist seine Situation viel schlimmer, als wir ahnen: Tom hat vergessen, wie er heißt …

Jedes Detail seiner neuen Biograhie ist ihm präsent, jedes. Aber der Name, der Name! Wie heiße ich bloß? Was ist, wenn sie mich fragen?! Doch da reicht der Grenzbeamte Tom den Pass zurück. Der schultert seinen Seesack und geht, so lässig wie nur irgend möglich, auf die türkische Seite hinüber. Einreisekontrolle. Tom ist am Ziel.

Jetzt reisen Burkhard und ich aus. Uns kann eigentlich nichts passieren – wegen ein paar DDR-Sachen im Auto wird man uns schon keine Scherereien machen. Pässe aus dem Autofenster, in den Schalter. Die bekannten Abläufe. Pässe aus dem Schalter, Blick durchs Auto, weiterfahren. Langsam fahren, langsam. Wir sind schließlich in einer internationalen Grenzanlage. Türkische Kontrollen. Routine. Parken, ruhig aussteigen. Da steht Tom. Sein Gesicht ganz Sorge und Ungewissheit: die Freunde. Jetzt keine Geste gegenüber Tom, keine Begrüßung, nichts Auffälliges, nichts, was man drüben beobachten könnte. Wo bleiben die beiden?

Jetzt nähert Thomas sich dem bulgarischen Kontrollpunkt. Gibt den Pass ab, wartet. Warum dauert das bloß so lange? Da, sein Pass. Wirft sich den Seesack über, geht in die Freiheit.

Dann Bernd. »Blind wie ein Maulwurf« – »Der findet die Grenze nicht«, feixen die Freunde, jetzt schon siegesgewiss. Da ist Bernd schon auf dem Weg zu uns, stieren Blicks. »Das Gepäck ist so schwer« sagt er nur. Tonlos, ohne jede Regung. Stellt den Seesack ab, wirkt verloren.

»Ich hatte einen kompletten Filmriss« wird er später sagen.

Fünf Jungen, die sich in den Armen liegen, begeistert, ausgelassen, voll unbändiger Freude. Freudentänze in der Grenzanlage. Die befremdeten Blicke der Menschen um uns herum sind uns völlig gleichgültig. Wir lassen unseren Gefühlen freien Lauf. Die Fragebögen der türkischen Einreisebehörde füllen wir so phantasievoll aus wie nur irgend möglich.

Doch es drängt uns auch: nur weg von hier. Die unmittelbare Nähe des Ortes, der so viel Gefahr für uns bedeutet, dem wir alle fünf gerade entflohen sind, hat etwas Beängstigendes.

Also rascher Aufbruch. Von der bulgarisch-türkischen Grenze ein kleines Stück in die Türkei hinein, nach Edirne, und von dort nach Süden, zur griechischen Grenze. Selbst auf diesem kurzen Weg fällt uns auf, dass etwas anders ist als sonst: Die Straßen sind voller Militärfahrzeuge, die meisten mit blau eingefärbten, abgedunkelten Scheinwerfern; in hektischer Fahrt scheinen sie sich ziellos hin- und herzubewegen. Mit Zeltplanen getarnte Stellungen, Soldaten. Das wirkt ungewöhnlich, selbst für dieses Dreiländereck an der Nahtstelle zwischen Warschauer Pakt und NATO und zwischen den verfeindeten Verbündeten Türkei und Griechenland.

Als wir die griechische Grenze erreichen, dämmert uns langsam, dass wir ein neues Problem haben. Der türkisch-griechische Grenzübergang liegt wie ausgestorben. Sobald wir griechisches Gebiet erreicht haben, wird unser Wagen zur Seite gewunken, unsere Pässe werden einbehalten. »Unsere schönen Pässe!«, mokiert sich Tom.

Höflich, aber bestimmt werden wir in einen Raum gebeten und müssen zunächst einmal warten. An der Wand nur der »Phönix aus der Asche«, das Wahrzeichen der griechischen Militärdiktatur. Was das zu bedeuten habe? Unseren Bewachern, offensichtlich Wehrpflichtige, so alt wie wir, ist die Situation spürbar unangenehm. Der Chef esse noch zu Mittag. Schließlich erscheint er – und beginnt ein Verhör. Was wir denn auf türkischer Seite beobachtet hätten? Wie viele Kettenfahrzeuge und Laster? Truppenbewegungen? Geschützte Stellungen?

Das hat uns noch gefehlt! Spione sollen wir abgeben! Nichts hält uns mehr, unsere Gewissheit, dass alles Schlimme hinter uns liegt und uns nichts mehr passieren kann, ist grenzenlos. Es sprudelt nur so aus uns heraus, gegenseitig geben wir uns die Stichworte: »Etwa eine Million Panzer!« »Ja, und vielleicht zwei Millionen LKWs« »Und sicher drei Millionen Soldaten!« Nichts kann unsere gute Laune verderben – und diese steckt einen nachsichtigen griechischen Grenzoffizier rasch an. »Hier haben Sie Ihre Pässe – und gute Fahrt. Wo wollen Sie hin? Saloniki? Gut. Aber beeilen Sie sich!«

Was ist nur geschehen? Gerne klärt man uns auf – und erst jetzt begreifen wir, wie weit wir in den vergangenen Tagen von der größeren Wirklichkeit des Weltgeschehens abgekoppelt gewesen waren, wie wenig wir wahrgenommen hatten. Nachrichten hatten wir zuletzt auch nicht mehr hören können, dafür reichte das altertümliche Autoradio des Kadetts schon seit der österreichisch-jugoslawischen Grenze nicht mehr aus. Zeitungen in einer uns verständlichen Sprache hatte es nirgends gegeben. Sonst hätten wir gewusst, dass wir mit unserem Fluchtvorhaben geradewegs in eine weltpolitische Krise geraten waren, dass wir uns auf einem Pulverfass bewegten, das jeden Moment zu explodieren drohte. Am Tag unserer Abreise aus Deutschland hatte die Lage sich dramatisch zugespitzt – das hatten wir nicht mehr mitbekommen.

Die Türkei und Griechenland stehen kurz davor, gegeneinander in den Krieg zu ziehen.

Zypern lautete das Stichwort. Am 15. Juli 1974 hatte die griechisch-zypriotische Nationalgarde auf der Mittelmeerinsel die Macht übernommen, unterstützt vom Athener Obristenregime. Offenkundig bereiteten die Putschisten den Anschluss der unabhängigen Inselrepublik an Griechenland vor – zulasten der großen türkischen Minderheit. Daraufhin waren am 20. Juli türkische Truppen auf Zypern gelandet und hatten begonnen, den Norden der Insel zu besetzen.

Und heute war der 22. Juli – alle Welt schaute gebannt und in größter Sorge auf den östlichen Balkan. Würde die Spannung sich entladen, würde es zum Krieg zwischen den feindlichen Nachbarn kommen?

Die Schlagzeilen der zurückliegenden Tage hatten die dramatische Entwicklung der Ereignisse widergespiegelt:

»Süddeutsche Zeitung«, Dienstag, 16. Juli 1974:
Nationalgarde putscht auf Zypern. Der tot gemeldete Präsident Makarios lebt. Griechenland und Türkei setzten Truppen in Alarmbereitschaft.

Mittwoch, 17. Juli 1974
Blutiger Bürgerkrieg auf Zypern. Präsident Makarios nach Malta geflogen. Der Kampf ist noch nicht entschieden.

Donnerstag, 18. Juli 1974
Makarios auf dem Weg zur UNO. Großmächte wollen Ausweitung des Konflikts verhindern

Freitag, 19. Juli 1974
Großmächte schalten sich in Zypern-Krise ein

Samstag, 20./Sonntag, 21. Juli 1974
Keine Entspannung in der Zypern-Krise. Türkische Flotte läuft aus.

Montag, 22. Juli 1974
Nach der türkischen Intervention auf Zypern: Griechenland droht mit Kriegserklärung. Ankara meldet Luft- und Seegefecht mit griechischem Flottenverband. Widersprüchliche Berichte über Kampfhandlungen auf der Insel. Sicherheitsrat fordert Waffenstillstand.

Und dieser 22. Juli war heute.

Auch in der Zeitung gestanden hatte:

Samstag, 20. /Sonntag, 21. Juli 1974
Wieder hohe Freiheitsstrafen für Fluchthelfer
DDR: Bonn tut nichts gegen »kommerziellen Menschenhandel«

Montag, 22. Juli 1974
DDR verurteilte fünf Fluchthelfer … wegen »staatsfeindlichen Menschenhandels«… Damit hat sich die Zahl der seit 11. Juli bekannt gewordenen Verurteilungen von Fluchthelfern auf insgesamt 17 erhöht.

Montag, 22. Juli 1974
Zwei Fluchtversuche von DDR-Bürgern sind im Harz im Feuer von DDR-Grenzsoldaten gescheitert …

Genau dieses Datum und diese Ecke der Welt also hatten wir fünf uns für unsere Unternehmung ausgesucht …

Doch daran war jetzt nichts mehr zu ändern. Also rein in den Opel und fahren, fahren, fahren – weg von der Grenze.

Das war leichter gesagt als getan: die Straße, die in Griechenland von Edirne aus nach Westen führt, verläuft für mehr als 100 Kilometer zunächst einmal in südlicher Richtung, parallel zur türkischen Grenze.

Der Osten Griechenlands schien menschenleer – die Bevölkerung hatte die Dörfer verlassen, aus Angst vor einer türkischen Invasion. Nur vereinzelt überholten wir noch Wagen, hochbeladen, deren Insassen sich ins Innere des Landes flüchteten. Die meisten Menschen schienen schon fort zu sein. Uns entgegen strömte griechisches Militär, winkende Soldaten auf den Ladeflächen von LKW, aufgeputscht und siegesgewiss, die Finger zum V-Zeichen erhoben.

Fast wurde der Aufmarsch uns noch zum Verhängnis: Als wir um eine Kurve bogen, sahen wir uns plötzlich einem Bergepanzer gegenüber, der in unserer Fahrspur stand. Gerade noch konnte ich ausweichen. Nur zu bereitwillig gab ich für den Rest der Fahrt zurück nach Deutschland das Steuer wieder an Burkhard ab.

Bei Alexandroúpoli stößt die Straße ans Ägäische Meer und führt westwärts Richtung Saloniki. 60 Kilometer vor Saloniki erreichten wir die Kleinstadt Serrai. Es war Spätnachmittag geworden. Das Postamt hatte gerade noch geöffnet. Rasch noch ein Telegramm nach Hause: »Wir kamen – trafen – siegten. Burkhard, Rüdiger und Thomas Fritsch, Bernd Herzog, Thomas Röthig«.

Anderthalb Tage später, kurz bevor wir selbst eintrafen, würde das Telegramm in Schwäbisch Gmünd ankommen …

Es begann dämmrig zu werden, als wir schließlich die Außenbezirke von Saloniki erreichten. Wieder wurden wir an das

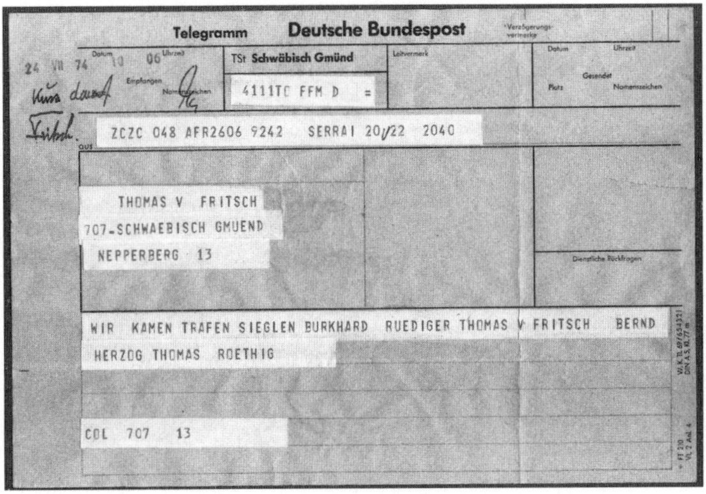
Telegramm Deutsche Bundespost

24 VII 74 10 06

TSt Schwäbisch Gmünd

4111TC FFM D =

ZCZC 048 AFR2606 9242 SERRAI 20/22 2040

THOMAS V FRITSCH
707-SCHWAEBISCH GMUEND
NEPPERBERG 13

WIR KAMEN TRAFEN SIEGLEN BURKHARD RUEDIGER THOMAS V FRITSCH BERND
HERZOG THOMAS ROETHIG

COL 707 13

Kurz bevor wir eintrafen, kam unser Telegramm zu Hause an

drohende Kriegsgeschehen erinnert: Ein Militärposten hielt uns an. »Bitte schalten Sie das Licht aus!« Für Saloniki war Verdunkelung angeordnet – aus Sorge vor türkischen Luftangriffen. Vorsichtig bewegten wir uns durch die abgedunkelte Stadt und erreichten schließlich im Zentrum den großen Aristoteles-Platz – der im Schein großer, blinkender Leuchtreklamen erstrahlte …

Irgendwo für die Nacht anzuhalten – das schien uns zu riskant. Also beschlossen wir, weiterzufahren und das kriegsgefährdete Griechenland so rasch wie möglich zu verlassen. Auf kurviger Strecke ging es in mühevoller Fahrt über das Pindos-Gebirge nach Westen. Ich verbrachte die Nacht mehr wach als schlafend auf dem Rücksitz des kleinen, mit fünf Personen und ihrem Gepäck völlig überfüllten Wagens. Ich fühlte mich grippig und ausgelaugt, meine Batterien waren nun definitiv leer.

Bernd und Tom schliefen erschöpft, nur Thomas kam nicht zur Ruhe – und sah plötzlich mit großer Geschwindigkeit eine Hausmauer auf sich zukommen. Burkhard hatte eine Rechtskurve übersehen. Ein jäher Schrei, Burkhard reagierte blitzschnell.

Am nächsten Morgen erreichten wir, nach weiteren 400 kurvenreichen Kilometern, die Westküste Griechenlands. Von der Hafenstadt Igoumenitsa aus wollten wir die Fähre nach Italien nehmen. Doch der Ort lag wie ausgestorben, nichts bewegte sich. Kein Schiff legte an oder ab; kein Büro, kein Laden, keine Dienststelle war geöffnet. Nicht nur in Igoumenitsa, wie wir erfahren sollten, sondern überall in Griechenland, am Vormittag jenes 23. Juli 1974: Die Militärdiktatur der Obristen war über den von ihr ausgelösten und nun gescheiterten Putsch in Nikosia unter massiven Druck geraten – international, aber zunehmend auch im eigenen Lande. Das Zypern-Debakel war eine schwere Schmach, die den Nationalstolz tief traf. Griechische Soldaten hatten für ein unüberlegtes Abenteuer ihr Leben lassen müssen. Die Ereignisse überschlugen sich. Noch am Abend dieses 23. Juli kehrte der konservative Politiker Konstantin Karamanlis aus dem Exil zurück, die Obristenherrschaft ging zu Ende und Karamanlis wurde bald darauf Ministerpräsident eines nun wieder demokratischen Griechenlands.

Doch zunächst war alles öffentliche Leben gelähmt. Zwar gelang es uns schließlich, ein Ticket für die Überfahrt nach Otranto in Süditalien zu kaufen – das aber bedeutete noch lange nicht, dass wir nun auch reisen konnten. Die Auslandsverbindungen blieben unterbrochen und wir schafften es lediglich, das griechische Festland zu verlassen und einen Platz auf einer Fähre zur Insel Korfu zu ergattern.

Seit zwei Tagen hatten wir nichts Vernünftiges mehr gegessen. Am Meer lag ein kleines Restaurant. In der Küche ließen wir uns zeigen, was auf dem Herd stand. So war es hier üblich und daher nichts Besonderes – für die drei Freunde aber war es ein eindrucksvolles Erlebnis: Dass man einfach in ein Restaurant gehen und dort Platz nehmen konnte. Dass man freundlich bedient wurde. Welch selbstverständliche Auswahl es gab. Wir ließen uns riesige Portionen aufladen, viel zu viel. Reichlich flossen Ouzo und Retsina. Am Strand fand sich ein Quartier für die Nacht. Alle fünf waren wir müde, todmüde. Eine Riesenlast begann von uns abzufallen.

Auch am nächsten Tag schien es nicht weitergehen zu wollen. Der Fährbetrieb nach Italien wurde zwar wieder aufgenommen, doch hatte sich ein riesiger Rückstau gebildet. Aber wir wollten nicht länger warten, mit aller Macht drängte es uns nach Deutschland.

Mit ausladender Gestik, großem Nachdruck und gewichtigen Argumenten schafften wir es schließlich, auf eine der ersten Fähren zu gelangen. Landung in Italien. Italien! Die Freunde konnten es gar nicht fassen. Auf der Autobahn den Stiefel hoch nach Norden. Und wo man doch schon mal in der Nähe war: Noch keiner von uns war je in San Marino! Das war einen Abstecher wert – allein schon, um unsere Pässe noch mal verschönern zu lassen. Wir mussten eine Zeit lang suchen, doch dann fanden wir das kleine, staubige Büro, nach dem wir uns erkundigt hatten. Gegen ein geringes Entgelt versah ein sichtlich unterbeschäftigter Beamter unsere fünf Pässe mit echten sanmarinesischen Einreisevisa und prächtigen Gebührenmarken …

Doch den wahren Test hatten die Pässe der Freunde nicht in Bulgarien oder der Türkei, in Griechenland, Italien oder etwa San Marino zu bestehen, nein: an der deutschen Grenze wurden sie genauer inspiziert als irgendwo sonst. Bei Kiefersfelden reisten wir aus Österreich in die Bundesrepublik ein. Jeder Grenzbeamte wäre sein Gehalt nicht wert gewesen, der diese offensichtlich merkwürdige Fuhre übermüdeter und verschmutzter Jungen in ihrem verbeulten Auto nicht einer genaueren Kontrolle unterzogen hätte. Während unsere Pässe in einem Kontrollhäuschen verschwanden – irgendwann erscheinen einem alle Grenzen gleich – wurde der Wagen einer peniblen Inspektion unterzogen. Doch der Inhalt erwies sich als harmlos. Es war ja auch nicht verboten, mal eben so eine Rundreise über den Balkan und durch Italien zu unternehmen. Unsere Art eben, Sommerferien zu machen …

Schließlich kam der Beamte mit unseren Pässen zurück. Er hatte sie sich offensichtlich sehr genau angeschaut, denn mit freundlicher Vorgesetztenstimme ermahnte er Thomas Röthig: »Sie wissen, Herr Grille, dass wir Sie eigentlich verwarnen müssten: Ihr Pass ist gestern abgelaufen! Wir wollen die Sache heute mal auf sich beruhen lassen. Aber lassen Sie ihn so schnell wie möglich verlängern! Mit einem ungültigen Pass wird man sie über keine Grenze lassen, da können Sie ganz schöne Scherereien bekommen.« Wir hätten schreien können – vor Begeisterung und vor Schreck. Die letzte Kleinigkeit hatten wir bedacht, alles, so glaubten wir – aber darauf hatten wir nicht geachtet und bislang war es auch niemandem aufgefallen. Unsere Fälschungen hatten nun das Gütesiegel amtlicher deutscher Kontrolle …

Die erste Nacht in Deutschland verbrachten wir in Burkhards Studentenbude in München. Die drei Freunde waren still geworden. Der Abschied von zu Hause, von ihren Freunden und Familien, war nun endgültig. Keiner konnte davon ausgehen, seine Angehörigen in absehbarer Zeit oder überhaupt wiederzusehen. Und bei allem Glück über die gelungene Flucht und die erreichte Freiheit waren sie doch jetzt vor allem erschöpft und von Eindrücken überwältigt. Allein schon der Gang durch den Münchener Supermarkt, für einige Abendeinkäufe, machte sie fassungslos – bei allem, was sie wussten oder worauf sie vorbereitet waren. Wäre es nicht besser, gleich so viel wie möglich zu kaufen? Wer weiß, ob es das morgen auch noch gibt?

Am 25. Juli ging es nach Schwäbisch Gmünd. Ich konnte mich nicht erinnern, meinen stets disziplinierten Vater je so freudig aufgewühlt erlebt zu haben. Meine Mutter schloss uns einfach nur in die Arme, uns alle fünf.

Auf dem Nepperberg, bei meinen Eltern, fanden Tom, Bernd und Thomas eine erste Aufnahme, in den kommenden Jahren viel Unterstützung und, so weit das möglich war, ein neues Zuhause. Von hier aus nahm jeder seinen Weg in das Land, das ihre Heimat und ihnen doch so ganz neu und so fremd war.

Hier, auf dem Nepperberg, wo ich ein dreiviertel Jahr zuvor Thomas' ersten Brief erhalten hatte, schloss sich der Kreis.

17

Neubeginn

In der DDR wurde sehr schnell bekannt, dass die drei geflohen waren. Die Maschinerie der Diktatur setzte sich in Gang: Hausdurchsuchungen bei Eltern und Freunden, Vernehmungen, Drangsalierungen, Schikanen. Nicht zuletzt interessierte die Stasimitarbeiter auch die Frage: Wo sind die Wehrpässe und wo die »Hundemarken«, jene Erkennungszeichen, die jeder Soldat um den Hals trägt? Die drei waren schließlich bereits gemustert gewesen und daher jetzt fahnenflüchtig.

Einen Tag nach der vorgesehenen Rückkehr tauchte beim Ehepaar Röthig Polizei in Zivil auf. Wo Thomas sei. Er müsse wohl aus der ČSSR weitergereist sein, vermuteten die Eltern, denn am gleichen Tag war eine Karte von ihm aus Bulgarien eingetroffen. Vielleicht sei er jetzt dort. – Das dürfte kaum möglich sein. Sein bulgarisches Visum sei abgelaufen. – Otto Röthig versuchte, den Verdacht der Polizisten zu zerstreuen, holte aus dem Zimmer des Sohnes dessen Führerschein. Erst jetzt entdeckten sie, dass sie nur die leere Hülle in den Händen hielten. Thomas' Eltern wirkten glaubwürdig in ihrer irritierten Ahnungslosigkeit. Doch nun begannen sie, sich Sorgen zu machen. Gingen zum Bahnhof, jeden Abend, Tag für Tag, zur Ankunft des Fernzuges aus Südosteuropa. Mehr und mehr wich die Sorge der Ahnung. Schließlich fuhr Thomas' Mutter nach Bad Blankenburg. Doch auch Toms Eltern wussten nicht mehr als sie. Toms Mutter wirkte verstört. »Hier wird alles abgehört«, meinte sie.

Auf jeden Fall überwacht: Tags darauf wurde Frau Röthig zur Volkspolizei bestellt. An den Zellen des Untersuchungsgefängnisses vorbei führte man sie in ein Vernehmungszimmer. »Sie, Frau Röthig, jetzt erzählen Sie mal, wo Sie gestern waren!« – »In Bad Blankenburg. Ich wollte wissen, wo mein Sohn ist.« – »Und?« – »Ich weiß es nicht.« – »Wenn Sie etwas wissen, melden Sie sich bei uns!«

Kurz darauf traf Thomas' erster Brief aus München ein. Die Mutter las ihn und brachte ihn zur Polizei – in der wohl nicht unbegründeten Annahme, diese kenne ihn sowieso schon. Der Brief wurde eingezogen, tags darauf fand bei Röthigs eine Hausdurchsuchung statt.

Die Stasi ließ nicht locker und bemühte sich sogar, die drei zur Rückkehr zu bewegen. Sie übte Druck auf die Familienangehörigen aus, diese sollten Einfluss auf die Geflüchteten nehmen. Erfolglos. Besonderen Pressionen sah sich eine Klassenkameradin ausgesetzt. Sie wurde so lange und mit Nachdruck verhört, bis sie die Behauptung unterschrieb, von einem der drei ein Kind zu erwarten. Das musste sie auch dem Betreffenden schreiben, seine Familie wurde unterrichtet. Neuer Druck. Doch gegen die Natur konnte auch die Stasi nicht an: sie konnte den Beweis nicht antreten, der Nachwuchs blieb aus …

Das Vermögen der drei wurde eingezogen. Thomas Fritschs rotes »MZ«-Motorrad befand sich wenig später im Besitz der Tochter des Bürgermeisters von Bad Blankenburg … Nach der Wiedervereinigung erhielt Thomas vom Staat für das konfis-

Schwäbisch Gmünd, Ende Juli 1974: KaGe, Rüdiger, Thomas, Tom und Bernd

zierte Motorrad eine Entschädigung von 200 DM. So hatte alles seine Ordnung.

Ihren alten Opel P4 »Olympia« hatten sie vor der Flucht an eine Freundin verkauft. Was sie dabei nicht bedacht hatten: Der Freundin wurde dieser Kauf als Beihilfe zur Flucht ausgelegt. Sonja durfte nicht studieren.

Am härtesten traf es Hermann Steger. Er war eng mit den dreien befreundet gewesen, das war auch der Stasi nicht verborgen geblieben. Die Hausdurchsuchung bei ihm erwies sich als besonders ergiebig: kritische Korrespondenz mit Briefpartnern im Westen und eine ansehnliche Sammlung historischer Bücher. Hermann Steger wurde wegen Beihilfe zur Republikflucht und subversiver Propaganda angeklagt und zu vier Jahren Haft verurteilt. Nach zwei Jahren wurde er von der Bundesregierung freigekauft und durfte in den Westen ausreisen. Ab dann gehörte auch Hermann Steger zu den Weihnachtsgästen meiner Eltern auf dem Nepperberg.

1984 feierte die Klasse der drei Freunde in der DDR zehnjähriges Abitur. Nicht alle Klassenkameraden waren gleicher politischer Auffassung – die meisten standen dem Regime kritisch gegenüber, manche aber trugen es mehr oder weniger mit. In einem aber waren sie sich einig: Als sie feierten, blieben – bewusst und offensichtlich – am Tisch drei Plätze frei.

Was der Verlust der Freunde für die Zurückgebliebenen bedeutete, schrieb Hermann Steger in der Haft auf – in Anlehnung an Goethes Ode an einen Freund:

Gern verließt ihr
dies gehasste Land,
hielte euch nicht Freundschaft
mit Blumenfesseln an uns.

Zerreißt sie! Wir klagen nicht!
Kein edler Freund
hält den Mitgefangenen,
der fliehen kann, zurück.
Der Gedanke
von der Freunde Freiheit
ist uns Freiheit
im Kerker.
Du gehst, wir bleiben.
Aber schon drehen
des letzten Jahres Flügelspeichen
sich um die rauchende Achse.
Ich zähle die Schläge
des donnernden Rades,

segne den letzten!
Da springt der Riegel,
einst sind wir frei wie ihr!

Wie ging es für die drei Freunde weiter? Sie blieben zunächst einige Tage in Schwäbisch Gmünd. Ruhten sich aus, erholten sich ein wenig, halfen, wo es nur irgend ging, in Haus und Garten. Trafen KaGe wieder, der zu Besuch kam. Dann durchliefen sie das übliche Verfahren für Flüchtlinge aus der DDR: Im Aufnahmelager Gießen wurden sie in die westdeutsche Normalität eingefädelt.

Dazu gehörte auch, dass aus drei erwachsenen DDR-Bürgern drei minderjährige Bundesbürger wurden. Noch galt ja im Westen die Regelung »Volljährigkeit mit 21«, in der DDR hingegen war diese Grenze schon 1950 auf 18 Jahre abgesenkt worden.

Um die DDR zu verlassen, hatten sie ihre Identität gewechselt. Es erwies sich als schwieriger als erwartet, diesen Vorgang wieder umzukehren. Schließlich ist das Personenstandswesen in Deutschland auf das Genaueste geordnet.

Aus Nordgriechenland hatten sie codierte Telegramme an Freunde in der DDR geschickt, denen sie vorher Umschläge mit ihren Personalausweisen, Zeugnissen und anderen wichtigen Unterlagen übergeben hatten. Diese Umschläge wurden nun, mit fingierten Absendern, der Post anvertraut. Zumindest versuchen konnte man es ja. Bernd hatte Glück: Seine Papiere kamen an. So konnte er den anderen helfen. Deren Dokumente waren in der DDR-Postkontrolle hängen geblieben. Bei einem Notar gab Bernd eidesstattliche Erklärungen über die Identität der Freunde ab. Dennoch dauerte es, bis aus Tom und Thomas vollwertige Bundesbürger wurden. Was schließlich half, waren die Bescheinigungen der Wehrmachtserfassungsstelle: Ja, es treffe zu, die behaupteten Väter seien tatsächlich Soldaten der deutschen Wehrmacht gewesen. Auf diese letzte Behörde einer früheren gesamtdeutschen Verwaltung war im geteilten Land Verlass.

Eine Woche lang hielten die drei sich in Gießen auf. Im Lager ein unerwartetes Wiedersehen für Tom: Freund Fred aus Bad Blankenburg war vor acht Tagen in London von Bord eines Schiffes der DDR-Handelsmarine gegangen. Das Schiff blieb ohne Koch zurück ... Eine Kommission befragte sie im Lager intensiv zu ihrem Fluchtweg. Keiner von ihnen gab ihn preis, das hatten sie sich geschworen. Der Weg sollte auch für andere offen bleiben. Auch mit Einschüchterungsversuchen waren sie nicht zu bewegen: Der Befragungskommission gehörte eine Frau an, die Thomas Röthig unter vier Augen drohte: »Wenn Sie uns nicht sagen, wie Sie hergekommen sind, schicken wir Sie zurück!« Eine Episode, die rätselhaft blieb. Versuchte man auf diesem Wege, als Flüchtlinge getarnte Stasi-Agenten herauszufiltern – oder war die Zahl der Stasi-Agenten in der Bundesrepublik viel größer, als man damals vermutete? Es war bekannt, dass die Aufnahmelager zu den bevorzugten Betätigungsfeldern des ostdeutschen Geheimdienstes gehörten. Die Zurückhaltung der drei war jedenfalls berechtigt: Ein leitender Mitarbeiter des Lagers Gießen wurde kurze Zeit später als Agent des Staatssicherheitsdienstes der DDR enttarnt.

In Gießen wies man die drei Freunde unterschiedlichen Studienorten zu. Das entsprach dem Grundsatz, DDR-Flücht-

Zehn Jahre später, 1984: Rüdiger, Thomas, Burkhard, Bernd, Tom und Ede

linge über die Bundesrepublik zu verteilen. Doch es gelang ihnen, gemeinsam nach München zu kommen – indem sie alle Burkhards Studentenbude als Wohnadresse angaben. So beengt es dort auch war, hier konnten sie die erste Zeit unterkommen. Ab Semesterbeginn gab es »BAföG« – Unterstützung nach dem »Bundesausbildungsförderungsgesetz« – und ein zusätzliches Stipendium für DDR-Flüchtlinge. Das reichte zum Leben. Bis dahin hatten sie Arbeitslosengeld erhalten – schließlich waren sie seit ihrem Abitur nach der Systematik der westdeutschen Behörden beschäftigungslose Geologie-Facharbeiter …

Was machte ihnen am meisten zu schaffen nach der Ankunft im westlichen, so anderen Deutschland? Nicht so sehr das praktische Leben, die anderen Spielregeln, die Herausforderung, sich um alles selbst kümmern zu müssen. Nein, da-

2004: Bernd, Ede, Tom, Burkhard, Thomas und Rüdiger

rüber, dass Vieles anders und Manches schwierig sein würde, hatten sie sich oft genug vorher unterhalten. Am meisten zu schaffen machte ihnen das Heimweh, die Trennung von Eltern, Familie, Freunden, vertrautem Ort.

An der Münchner Universität waren sie Exoten, die mit ihrem Dialekt sofort auffielen: »Wo kommt ihr denn her?« Sächsisch oder Thüringisch sprachen nur alte Leute oder die DDR-Machthaber im Fernsehen. Ganz haben die drei ihre heimatliche Mundart nie abgelegt.

Keiner von ihnen wurde, wie sie das ursprünglich vorhatten, Geologe. Bernd Herzog studierte Geschichte und fand in München eine Anstellung beim amerikanischen Rundfunksender »Radio Free Europe«. Das bedeutete, dass er keine Chance hatte, die DDR je wieder zu besuchen: »Radio Free

Europe« hatte die Aufgabe, der monopolisierten Information in Mittelost- und Osteuropa ein anderes, freieres Nachrichtenbild entgegenzusetzen. Wer für diesen »Feindsender« arbeitete, durfte nicht damit rechnen, unbehelligt in irgendeines dieser Länder einreisen zu können. Bernd wurde, wie er nach der Wiedervereinigung seinen Stasiakten entnehmen konnte, in der DDR in Abwesenheit zu fünf Jahren Haft wegen Republikflucht verurteilt. Bis zur Wiedervereinigung wurde er das Gefühl nicht los, als Mitarbeiter von »RFE« auch im Westen immer wieder unter Beobachtung östlicher Dienste zu stehen. In seiner Stasiakte fand er Kopien jedes Briefes, jeder Postkarte, die er je in die DDR geschickt hatte. Ende der achtziger Jahre nahm die Ständige Vertretung der Bundesrepublik Deutschland in Ost-Berlin seinen Fall informell mit den DDR-Behörden auf und erkundigte sich nach der Möglichkeit eines Besuches. Die Antwort war unzweideutig: »Keine Chance.« Den schönsten Eintrag in Bernds Stasiakte hatte die Geschichte überholt, als er sie nach 1990 einsah: »Keine Einreise bis 2003«.

Nachdem das Hauptquartier von »Radio Free Europe« nach dem Umbruch in Europa in die tschechische Hauptstadt Prag übergesiedelt war, arbeitete Bernd als Geschäftsmann in den neuen Bundesländern. Heute lebt er mit seiner Frau als freier Journalist und Autor in München.

Thomas Röthig studierte Jura, betrieb in München eine eigene Rechtsanwaltskanzlei und entdeckte dabei seine Vorliebe für das Immobiliengeschäft. Gemeinsam mit seiner Frau eröffnete er in München mit großem Erfolg ein Maklerbüro, in welches inzwischen ihr Sohn als Juniorpartner eingestiegen ist. Mit seiner Frau und seinen drei Kindern lebt er in München und seiner Wahlheimat Mallorca.

Thomas konnte sich seinen ursprünglichen Traum erfüllen und Jura studieren, in München, Genf und Freiburg. Wie die anderen zwei nutzte er die gewonnene Freiheit, um viel zu reisen. Nach dem Examen kam er noch einmal mit der Geologie in Berührung: als Assistent am Lehrstuhl für Berg- und Energierecht an der Technischen Universität Clausthal-Zellerfeld. Dort begann er auch eine Promotion: über das Bergrecht der DDR. Der praktische Wert, den seine Darstellung hätte haben können, wurde von der deutschen Einheit überholt. Als die sich vollzog, arbeitete er als Justiziar bei der baden-württembergischen Landesverwaltung in Stuttgart. Im März 1990 eröffnete diese in Leipzig ein Verbindungsbüro und Thomas übernahm die Leitung. 1991 wechselte er zum sächsischen »Landesamt zur Regelung offener Vermögensfragen«, wo er sich mit seiner Abteilung darum bemühte, verstaatlichtes Gewerbevermögen zu reprivatisieren. Aus der sächsischen Landesverwaltung schied er im Streit: Anders als seine ebenfalls aus dem Westen gekommenen Kollegen sollte er, als sächsischer Landesbeamter, der er inzwischen war, eine Erklärung unterschreiben, nie bei der Stasi gewesen zu sein. In Thomas erwachte sein alter Gerechtigkeitssinn und Widerspruchsgeist. »Wenn ich, dann alle!« Es blieb beim Dissens, Thomas kehrte nach Stuttgart zurück. Dort arbeitete er seitdem für die Landesregierung, vor seinem Ruhestand zuletzt als Leiter der Kartell- und Landesregulierungsbehörde im Umweltministerium. Seine Frau und er haben fünf Kinder.

An ein Wiedersehen mit ihren Familien war in den ersten Jahren auch für Tom und Thomas nicht zu denken. Das war ihnen vorher klar gewesen. Zum 30. Jahrestag der Gründung der DDR wurde 1979 eine pauschale Amnestie ausgesprochen. Zumindest für die beiden konnte dies eine Chance bedeuten. Doch noch schien es ihnen zu riskant, einen Besuch zu Hause zu wagen, und auf gut Glück wollten sie es nicht bei erstbester Gelegenheit versuchen.

1981 verfügte die DDR-Regierung eine weitere Amnestie. Diesmal stellte Thomas Fritsch einen Antrag auf Einreise. Über die möglicherweise damit verbundene Gefahr hatte er sich zuvor beim Innerdeutschen Ministerium in Bonn erkundigt – jener Behörde, die für »Deutschland als Ganzes« zuständig und doch 1989 auf nichts vorbereitet war. Dort hatte man ihm gesagt, dass er sich, sollte einem solchen Antrag stattgegeben werden, keine Sorgen machen müsse. So weit konnte man sich mit den DDR-Behörden verständigen. Thomas erhielt eine Einreisegenehmigung und besuchte im November 1981, siebeneinhalb Jahre nach der Flucht, erstmals wieder seine Mutter. Sein Vater war 1978 gestorben. So hatte sich auch Thomas' vage Hoffnung zerschlagen, eines Tages beiden Eltern die Ausreise zu ermöglichen.

Auch Thomas Röthig sah um diese Zeit seine Eltern zum ersten Mal wieder. Sie trafen sich in Ungarn. Sobald das Rentenalter dies erlaubte, zogen sie zu ihrem Sohn nach München. Nach dem Fall der Mauer folgte seine Schwester.

Ein Jahr nach dem Treffen am Strand von Nessebar erhielt Schuri von den drei Freunden eine Postkarte aus Rom: »Schuri, wo bleibst du?« Aus dem Apologeten des sozialistischen Regimes war ein – zumindest halblauter – Kritiker geworden: Anders, als er gehofft hatte, war er nicht für den Studiengang Marxismus-Leninismus zugelassen worden. Aufnahmestopp. Das reichte schon, ihn erstmals über die Verhältnisse in der DDR schimpfen zu lassen.

André Dingels, in dessen Wohnung in Ost-Berlin die Party stattgefunden hatte, zu der die Freunde Burkhard und Ede mitgenommen hatten, brach den Kontakt zu den dreien ab – wohl aus Sorge, selbst in den Verdacht der Fluchtbeihilfe zu geraten. Noch zwei Tage vor der Abreise nach Bulgarien war Thomas Röthig bei ihm gewesen und hatte ihm, ohne nähere Angaben, einen Umschlag zur Aufbewahrung gegeben: eben jenen mit seinen sämtlichen Personaldokumenten. Vergeblich. Der Umschlag blieb verschollen.

Eines schafften wir fünf leider nicht: gemeinsam Herrn Dehmelt in Stuttgart zu besuchen, der uns von unserem Vorhaben hatte abbringen wollen. Dieser Triumph war uns auch nicht mehr wichtig.

Das Telegramm, mit dem wir den Erfolg unseres Fluchtversuchs aus Nordgriechenland nach Hause gemeldet hatten, ließ unser Vater einrahmen und hängte es in seinem Arbeitszimmer auf, neben dem Bild des berühmten Onkels.

Burkhard hielt in München besonders engen Kontakt zu den drei Freunden und half ihnen, wo er konnte. Als er 1983 heiratete, bat er mich, die Hochzeitsrede zu halten. Die Sache mit Tom hatte aus Brüdern Freunde werden lassen. Deshalb wollte ich auch davon sprechen, von den Monaten im Jahr 1974 – zumindest so, dass er es verstanden hätte. Aber es gelang mir nicht, ich musste die Sätze, die ich mir überlegt hatte, weglassen. Ich hätte die Rede sonst nicht zu Ende gebracht. Burkhard wurde Kaufmann und war bis zu seiner Pensionierung in leitender Stellung in der freien Wirtschaft tätig. Mit seiner Frau, mit der er sechs Kinder hat, lebt er in der Nähe von München.

Ich wollte nach der geglückten Ankunft der drei Freunde im Westen so bald wie möglich zu meiner lang geplanten Weltreise aufbrechen. Sie würde nun auch zur Bewährungsprobe der gerade begonnenen Beziehung mit Huberta werden. Doch schon in ihrem ersten Brief nach unserer Rückkehr aus Bulgarien schrieb sie mir: »Die Warterei für das nächste Jahr wird sicher nicht so nervenaufreibend wie die der letzten Tage, weil ich mit Sicherheit annehmen kann, dass es Dir einigermaßen gut geht und Du heil wiederkommst.«

Doch noch musste ich meine Abreise verschieben. Der Hausarzt, zu dem meine gewiss nicht übervorsichtigen Eltern mich schließlich schickten, konstatierte völlige Überlastung und verschrieb mir Pillen und Ruhe.

Ende August brach ich schließlich zu meiner großen Unternehmung auf. Auf umgekehrtem Wege wie einen Monat zuvor reiste ich per Autostopp durch Österreich und Italien und per Fähre nach Griechenland.

Mit dem Zug ging es nach Istanbul und von dort weiter durch Anatolien in den Iran. In einem Brief aus Teheran von Anfang Oktober berichtete ich Huberta noch einmal, dass meine Gesundheit mir unverändert zu schaffen machte und ich schlimmstenfalls die Reise würde abbrechen müssen. Als steckte ich noch in den Fluchtvorbereitungen fügte ich hinzu:

Huberta im Sommer 1974 in Schwäbisch Gmünd

»Meine Eltern sollen möglichst nichts davon erfahren, das beunruhigt sie nur unnötig.«

Doch es blieb mir erspart, wieder umkehren zu müssen. Ab Teheran setzte ich die Reise per Bus fort, nach Afghanistan, Pakistan und Indien. Über Thailand und Malaysia erreichte ich Australien, wo ich mir als Tellerwäscher und Kellner Geld für meine weitere Unternehmung verdiente. Fünf Monate verbrachte ich in Neuseeland – hier erst kam ich wirklich zur Ruhe. Die Rückreise nach Europa verdiente ich mir als Küchenhilfe auf einem Containerschiff. Als ich zurückkehrte, hatte die Reise nicht, wie geplant, ein halbes, sondern ein ganzes Jahr gedauert. Die »Bewährungsprobe« haben Huberta und ich gut bestanden. 1981 haben wir geheiratet.

Wie Huberta studierte ich Geschichte und Germanistik und bewarb mich anschließend für den Auswärtigen Dienst. 1984 begann dort die zweijährige Vorbereitungszeit. Zu unserem Ausbildungsprogramm gehörte auch eine Reihe von Besuchen: bei der NATO und der EU, beim DGB und bei den Kirchen – und auch beim BND in Pullach. Auf einem großen Tisch hatte ein Dokumentenexperte gefälschte Urkunden und Pässe ausgebreitet, um uns für unsere Arbeit in den Rechts- und Konsularabteilungen der Botschaften zu sensibilisieren. Die Gelegenheit! »Wie fälschungssicher sind eigentlich die Stempel, die man an den Grenzen in die Pässe bekommt? Wie sieht das zum Beispiel in den sozialistischen Ländern aus?« Der Experte lachte: »Vergessen Sie's! Keine Chance! Da sind sie im Osten absolut auf der Höhe der Zeit, mit allen Tricks und Kniffen!« Danke für so viel professionelles Lob, danke!

Unsere erste diplomatische Auslandsstation war Ende der achtziger Jahre Warschau – so haben wir das Ende der Teilung Deutschlands und Europas an einem der Orte dieser Zeitenwende unmittelbar miterlebt. Von Polen aus unternahm ich auch zum ersten Mal, im Schutz des diplomatischen Status, wieder eine Reise durch die DDR, auf der Fahrt nach Berlin und in die Bundesrepublik. Besucht habe ich den anderen deutschen Staat nur noch einmal: im März 1990, als alles bereits im Umbruch war, gemeinsam mit meinem Vater auf einer Fahrt zu den Orten seiner Kindheit, nach Leipzig, Dresden und Seerhausen.

2019 bin ich, von unserer letzten Auslandsstation in Moskau aus, in den Ruhestand gegangen. Huberta und ich haben fünf Kinder und leben in Schwäbisch Gmünd – wo die Sache mit Tom ihren Anfang nahm.

KaGe – Klaus Grille wurde Anwalt in seiner Heimatstadt Bonn. In Patenschaften für unsere Kinder hat unsere Freund-

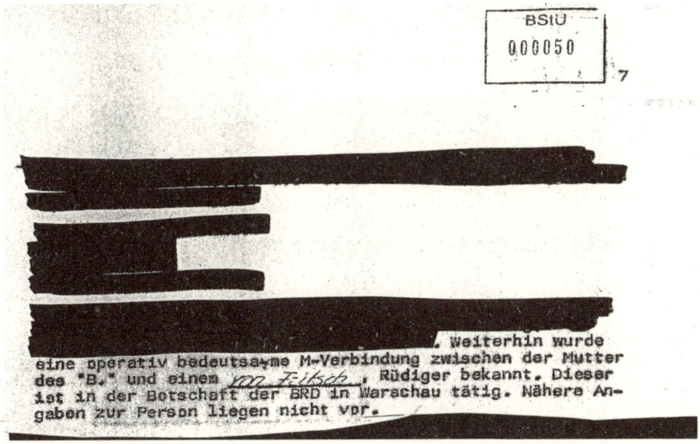
BStU
000050
7

[redacted]. Weiterhin wurde eine operativ bedeutsayme M-Verbindung zwischen der Mutter des "B." und einem von Fritsch, Rüdiger bekannt. Dieser ist in der Botschaft der BRD in Warschau tätig. Nähere Angaben zur Person liegen nicht vor.
[redacted]

»Nähere Angaben zur Person liegen nicht vor«: Vermerk zu Rüdiger in den Stasiakten

schaft sich vertieft. Und zu Ede Weig, der Arzt und Psychoanalytiker wurde, entstand eine noch engere Bindung: Er heiratete Hubertas Schwester.

Gelegentlich ist uns die Frage gestellt worden – und auch wir selbst haben sie uns gestellt: Was hat die Stasi von all dem gewusst, ja, was hat sie möglicherweise geschehen lassen? Ich bin ihr nachgegangen, durch einen Antrag auf Auskunft beim »Bundesbeauftragten für die Unterlagen des Staatssicherheitsdienstes der ehemaligen Deutschen Demokratischen Republik« – kurz »Stasi-Unterlagen-Behörde«. Das Ergebnis war erfreulich mager. Als ich 1984 die Ausbildung im Auswärtigen Dienst begann, wurde in Ost-Berlin ein »Vorgang« über mich angelegt. Davon scheint man in Thüringen nichts erfahren zu haben: In den Akten der Stasi-Kreisdienststelle Rudolstadt, die für Bad Blankenburg zuständig war, befinden sich Unterlagen aus dem Jahr 1988 über eine »Operative Personenkontrolle« zur Person »Baron« – Tom, der ab und an seine Mutter besuchte. In schönstem Amtsdeutsch hat ein gewisser Major Unbehaun dort mit Datum vom 4. 7. 1988 vermerkt, dass ich mit Toms Mutter eine »M-Verbindung« unterhielt (die Abteilung »M« war bei der Stasi für die Postkontrolle zuständig) – ich hatte ihr von unserem ersten Auslandsposten Warschau aus zu Weihnachten geschrieben: »Weiterhin wurde eine operativ bedeutsame M-Verbindung zwischen der Mutter des ›Baron‹ und einem von Fritsch, Rüdiger bekannt. Dieser ist in der Botschaft der BRD in Warschau tätig. Nähere Angaben zur Person liegen nicht vor.« Wenig später schickte ich meiner Tante die Geburtsanzeige eines unserer Kinder. Unser Sohn dürfte zu einem der jüngsten Bundesbürger geworden sein, der es noch in die Stasiakten geschafft hat: Sauber abgeheftet findet sich in den Unterlagen eine Kopie der Anzeige.

Die Ereignisse der Jahre 1973/74 haben uns fünf Freunde geprägt wie kaum etwas sonst in unserem Leben. Und dennoch waren sie für lange Zeit auf merkwürdige Art aus unserem Denken verschwunden, ohne dass wir genau hätten sagen können, warum. Gelegentlich sprachen wir untereinander darüber, sonst eigentlich mit niemandem. Und wenn mit meinen Eltern, Burkhard oder Huberta einmal das Gespräch darauf kam, dann auf eine distanzierte Art. Wie von etwas Fernem, nicht recht Benennbarem war dann die Rede – eben von der Sache mit Tom. Gründe dafür, dass das Geschehene gleichsam verschwand, mag es verschiedene gegeben haben: Jeder wollte seinen Lebensweg unbelastet von dieser Vorge-

Rüdiger und Tom in Berlin, Juli 2009

schichte gehen, auch hatten wir etwas Strafbares getan, von dem wir nicht wussten, ob es sich möglicherweise negativ auf eine spätere Berufstätigkeit auswirken könnte. Bei mir waren die Erlebnisse und Erfahrungen der unmittelbar anschließenden Weltreise so intensiv, dass die Erinnerung an unser »Endspiel 1974« rasch in den Hintergrund geriet. Und später, als wir Familie hatten, wollten wir unsere Kinder damit nicht überfordern. Erst als sie alt genug waren, die Ereignisse richtig einzuordnen, haben wir ihnen davon berichtet. In der zeitlichen Distanz, nach der deutschen Einheit, haben wir gelegentlich auch Freunden davon erzählt. Die Reaktion war stets die gleiche: »Das ist eine so irre Geschichte, die müsst ihr aufschreiben!« So ist dieses Buch entstanden – über viele Jahre und in Gesprächen mit allen Beteiligten, die das damalige Geschehen wieder haben lebendig werden lassen. 2009 ist es ein erstes Mal erschienen, unter dem Titel: »Die Sache mit Tom.

Eine Flucht in Deutschland«. Bis dahin war jene Episode meines Lebens weitgehend unbekannt gewesen, auch meinem Arbeitgeber. Wäre ich danach gefragt worden, so hätte ich sie eingeräumt, doch keine der vielen Fragen in den wiederholten Sicherheitsüberprüfungen, denen ich als Beamter unterzogen wurde, hatte Anlass gegeben, davon zu berichten – und die entscheidende Frage wurde nie gestellt: »Gibt es etwas, was Sie glauben, uns in Anbetracht unserer Interessenlage noch sagen zu müssen?« Der ehemalige Außenminister Hans-Dietrich Genscher stellte das Buch 2009 vor – und bemerkte bei dieser Gelegenheit in seinem bekannten Humor: »Wenn wir das bei Ihrer Einstellung gewusst hätten, hätten wir Sie sofort ins Ministerbüro geholt. Da brauchen wir immer kreative Leute!« Der frühere Personalchef des Auswärtigen Amtes hingegen sah die Dinge anders: »Ich bin mir nicht sicher, ob wir Sie damals genommen hätten. Die Bundesregierung bemühte sich um Annäherung und Entspannung im Verhältnis zu den Ländern Ostmitteleuropas – und Sie haben vorsätzlich gegen sie gearbeitet.«

Lange hat die drei Freunde das Gefühl bewegt – und bedrückt –, tief in Burkhards und meiner Schuld zu stehen. Mit großzügigen Geschenken und Einladungen haben sie ihren Dank abgestattet. Als wir uns wieder einmal trafen, am 10. »Jahrestag« der Flucht, haben wir uns dann geeinigt: Alle fünf sind wir von der Größe und der Tiefe des Erlebten und vom guten Ausgang der Geschichte beschenkt und bereichert worden. Sie ist für uns alle eine der wichtigsten Erfahrungen in unserem Leben gewesen: Die Sache mit Tom.

In Nessebar: Tom, Rüdiger, Burkhard, Thomas und Bernd

Tausend Meter westlich von Kalotina …

Am 25. Januar 1993 verbreitete ADN, die frühere Staatsnachrichtenagentur der DDR, folgende Meldung:

(ADN 0153) Bulgarische Grenztruppen bestätigen Tötung von DDR Flüchtlingen.
Zahlung von Prämien dementiert. Seit 1989 keine Toten an bulgarischen Grenzen.
Sofia (ADN). Die Tötung von DDR-Flüchtlingen, die den »Eisernen Vorhang« an der Grenze Bulgariens überwinden wollten, ist in Sofia offiziell zugegeben worden. Der Chef des Presseamtes der bulgarische Grenztruppen, Oberstleutnant Wassil Stanojkow, bestätigte am Montag in einem ADN-Gespräch, dass in der Vergangenheit DDR-Bürger an der Grenze erschossen worden sind. Genauere Angaben könne er im Moment nicht machen, aber es handele sich für die Zeit nach 1961 um »mindestens ein Dutzend Menschen.«

Die bulgarische Wochenzeitschrift »Anti« hatte in der vergangenen Woche über die Tötung von DDR-Bürgern an der Grenze berichtet. Danach sollen zwischen 1961 und 1989 mehrere Dutzend Menschen getötet worden sein. In einigen Fällen seien ganze Familien »ausgelöscht« worden. Stanojkow widersprach allerdings Behauptungen der Zeitschrift von einem »gnadenlosen Gemetzel« an der Grenze. Zugleich dementierte er Teile des Berichts, wonach vor 25 Jahren eine Familie mit ihrem sechsjährigen Kind erschossen worden sein soll. Dies gehe eindeutig aus Protokollen der Jahre 1966 bis 1968 hervor.

Der Pressesprecher räumte ein, dass getötete ausländische Grenzverletzer in Bulgarien beigesetzt wurden, deren Identität nicht festgestellt werden konnte. Berichte über Prämien von 2000,– Lewa (etwa 1000,– DM zum damaligen Kurs) für jeden getöteten Grenzverletzer, die von der DDR-Botschaft bezahlt worden seien, bezeichnete Stanojkow als falsch.

Ehemalige bulgarische Mitarbeiter der DDR-Botschaft hatten dem ADN bestätigt, dass »bei vereitelten Grenzdurchbrüchen« Prämien gezahlt wurden. In mindestens einem Fall habe man erschossene DDR-Flüchtlinge gleich in Sofia bestattet …

Bereits im Februar 1992 war das Thema von Erschießungen an der bulgarischen Grenze Gegenstand einer parlamentarischen Anfrage im bulgarischen Parlament. Nach den Unterlagen des bulgarischen Verteidigungsministeriums gab es bis 1985 339 Tötungsfälle im Grenzgebiet. Verteidigungsminister Ludschew führte unter anderem aus: »Es gibt keine Unterlagen, wer konkret den Tötungsbefehl gegeben hat. Aber das Wichtigste ist, dass nach den geltenden Gesetzen und Rechtsnormen der Armee und des Ministeriums für innere Angelegenheiten und insbesondere der Grenztruppen, die Kommandeure und Soldaten verpflichtet waren, jeweils im wahrsten Sinne des Wortes auf Fleisch zu schließen, wenn jemand die Grenze überschritt.«

Die Enthüllung in der Zeitschrift »Anti« hatte weitere Untersuchungen der neuen bulgarischen Regierung zur Folge. Über die Jahre waren mehr als 2000 DDR-Bürger bei dem Versuch, über Bulgarien in den Westen zu fliehen, gefasst und an die DDR ausgeliefert worden. 1971 registrierte die Stasi, dass 62 Prozent aller Fluchtversuche über sozialistische Länder über Bulgarien stattfanden, 1972 waren es 83 Prozent. Bei der Aufdeckung von Fluchtversuchen half den bulgarischen Behörden eine »Operativgruppe zur Unterbindung des Menschenhandels« der Stasi, die seit den sechziger Jahren in Bulgarien stationiert war und seit 1970 in den Sommermonaten durch eine »Beobachtergruppe« verstärkt wurde, die aus mehr als 20 Ermittlern bestand. Einen ihrer Stützpunkte unterhielt die Stasi in Nessebar …

Seit 1952 gab es auch in Bulgarien einen Schießbefehl. Wie viele Opfer es tatsächlich gegeben hat, wird sich wohl nie feststellen lassen. 21 Fälle von Deutschen, die auf der Flucht getötet wurden, sind dokumentiert. Zu ihnen gehört jener des 21-jährigen Eberhard Melichar, der am 3. September 1974 »beim Versuch, die Grenze zum Nachbarterritorium zu verletzen … liquidiert« wurde, wie im Untersuchungsbericht der bulgarischen Grenztruppen nachzulesen ist, der auch festgehalten hat, »dass die Grenzwache richtig gehandelt hat.« Der Ort des Geschehens, »tausend Meter westlich vom Dorf Kalotina, Gemeinde Dragoman«.

Alle Ereignisse haben sich so, wie geschildert, zugetragen. Die Namen von Personen wurden zum Teil geändert, Zitate sprachlich angepasst. Besonderer Dank gebührt dem Autor und Lektor Thomas Karlauf, der wesentlich dazu beigetragen hat, dass »Die Sache mit Tom« 2009 erstmals als Buch erschienen ist, und Christian Koth, Lektor des Aufbau Verlages, der den Anstoß zu dieser Neuausgabe gegeben und sie mit viel Unterstützung begleitet hat.

Die Geschehnisse jener Zeit wurden durch die gemeinsame Erinnerung der Beteiligten rekonstruiert, durch viele intensive Gespräche mit Tom und Burkhard, Bernd und Thomas, in den Begegnungen einer besonderen, tiefen Freundschaft, die uns fünf bis heute verbindet.